Groß · Gehorsame Kirche

Alexander Groß

Gehorsame Kirche – ungehorsame Christen im Nationalsozialismus

Mit einem Vorwort von Heinrich Missalla

Matthias-Grünewald-Verlag · Mainz

Der Matthias-Grünewald-Verlag ist Mitglied
der Verlagsgruppe engagement

Die Deutsche Bibliothek – CIP-Einheitsaufnahme

Ein Titeldatensatz für diese Publikation ist bei Der
Deutschen Bibliothek erhältlich

2. Auflage 2000

Umschlag: Matlik & Schelenz, Nieder-Olm
Umschlagbild: Kölner Dom mit Hakenkreuzfahnen: Schwarz-weiß-Photo des Historischen Archivs Theodor Becker & Sohn
Satz: OnLine DTP-Service Eckstein & Co. KG, Nierstein/Rh.
Druck und Bindung: Fuldaer Verlagsanstalt

ISBN 3-7867-2228-5

Inhalt

Vorwort

Während die Kirchenleitung darauf bedacht war, die Loyalität der Katholiken gegenüber der staatlichen Autorität zu betonen, von den Gläubigen Gehorsam gegenüber der Obrigkeit zu fordern, und alles tat, um das Verhältnis zum nationalsozialistischen Staat nicht zu belasten, haben es einzelne Christen sowohl entgegen amtskirchlichen Weisungen als auch gegen den Trend im deutschen Katholizismus gewagt, Ungehorsam, Verweigerung und Widerstand als das Gebot der Stunde zu benennen und ihrem Gewissen zu folgen, und das nicht nur unter weltanschaulich-ideologischem Aspekt, sondern im dezidiert politischen Sinn. Zu diesen Menschen gehörte Nikolaus Groß. Zwischen den Anliegen und Anordnungen der Kirchenleitung und den Vorstellungen und dem Engagement der widerständigen Christen bestand ein deutlicher Widerspruch. Alle Versuche, Verweigerung und Widerstand einzelner Christen heute als Zeichen für den Widerstand »der Kirche« auszugeben, müssen zurückgewiesen werden.

Aus der Geschlossenheit der katholischen Kirche und des katholischen Milieus auszubrechen und auch bischöflichen Weisungen zuwiderzuhandeln setzten sowohl großen Mut als auch die Fähigkeit zu einer eigenständigen Gewissensentscheidung voraus. Die traditionelle Pastoral und Erziehung hatten jedoch über lange Zeit andere Ziele verfolgt als Selbständigkeit und Eigenverantwortung, Urteilsvermögen und Zivilcourage der Gläubigen. Im Gegenteil: Gefragt und gefordert waren Demut und Gehorsam, Unterordnung und Ehrfurcht vor der Autorität. Wer den Mut und die Entschiedenheit zu einer eigenen, von den amtlichen Vorstellungen und Richtlinien abweichenden Meinung aufbrachte, war nicht selten Diskriminierungen ausgesetzt und zog sich den Vorwurf des Subjektivismus und der Unbotmäßigkeit, der Anmaßung oder gar der Rebellion zu. So war der Weg zu einer den kirchlichen Anweisungen zuwiderlaufenden Gewissensentscheidung für die Widerständigen ein mühsamer Vorgang, der nicht selten mit einem »schlechten Gewissen« verbunden war und den sie einsam durchstehen mußten. Selbst während der Zeit der Inhaftierung hielten die Bischöfe Distanz zu den politischen Gefangenen und deren Angehörigen.

Alexander Groß geht vor allem auf die Katholische Arbeiterbewegung ein, bei der sein Vater seit 1927 Chefredakteur der Verbandszeitung war. Die KAB wie auch ein Teil der katholischen Verbände sahen im Reichskonkordat mit seinem Verbot einer politischen Betätigung eine Fessel, die sie genau das zu tun hinderte, was sie als Herausforderung und Aufgabe der Stunde erkannt hatten. Sie lehnten das NS-Regime nicht nur aus weltanschaulichen, sondern auch aus politischen Gründen ab, mußten aber gemäß amtlicher Weisung auf politischen Widerstand verzichten und sich dem NS-Staat gegenüber loyal verhalten. Viele Gläubige fügten sich – nicht selten verzweifelt – aus Liebe und in Treue zu ihrer Kirche, die sie nach dem damaligen Kirchenverständnis durch die Bischöfe repräsentiert sahen. Was sie aus ihrem Glaubensverständnis heraus – auch um ihrer Kirche willen – zu tun für notwendig erachteten, wurde ihnen von den verehrten Wächtern des Glaubens verboten. Die durch diesen Zwiespalt hervorgerufenen Leiden sind kaum irgendwo erwähnt; auf sie wird in dieser Schrift deshalb mit Recht aufmerksam gemacht. Diese – durch die »Kirche« ihnen zugefügten – Leiden waren von anderer Art, jedoch nicht geringer als jene, die sie durch die Verfolgung seitens der Nationalsozialisten erfuhren.

Die im künftigen Martyrologium genannten Männer und Frauen sind nicht durch ihren Gehorsam gegenüber der Kirche, die Loyalität auch gegenüber dem NS-Staat forderte, zum Vorbild geworden, sondern durch ihren Ungehorsam sowohl gegenüber der staatlichen Obrigkeit wie gegenüber der kirchlichen Autorität. Alexander Groß widerspricht deshalb entschieden dem Versuch der Kirchenleitung, die katholischen NS-Opfer durch und für die Kirche zu vereinnahmen, indem sie unter weitgehender Ausblendung der gesellschaftlich-geschichtlichen Wirklichkeit deren (verkürzt verstandenes) »Glaubenszeugnis« hervorhebt und dabei unterschlägt, daß diese Männer gerade ihr politisches Engagement und ihren Widerstand als Ausdruck und Gestaltwerdung ihres Glaubens verstanden haben. »Wahre Bekenner« und »Opfer politischer Gewalt« sind nicht so leicht auseinanderzuhalten, wie das kirchenamtliche Seligsprechungsverfahren es nahelegt. Darüber hinaus sieht Groß in einer nicht selten anzutreffenden Verzerrung der historischen

Wirklichkeit und einer verbreiteten Schönfärberei der eigenen kirchlichen Vergangenheit eine Herabsetzung der Widerstandskämpfer und der Opfer des Nationalsozialismus.

Die Frage nach Gehorsam und Ungehorsam, Anpassung und Widerstand hat, wie am Schluß der Schrift hervorgehoben wird, keineswegs nur für die Vergangenheit Bedeutung.

Heinrich Missalla

Einführung

In dem gemeinsamen Hirtenschreiben vom 23. August 1945, der ersten offiziellen Stellungnahme der Kirche nach dem Ende des NS-Regimes, hatten die deutschen Bischöfe die Linie für die Würdigung und Bearbeitung der jüngsten Vergangenheit bereits deutlich festgelegt: Die Bischöfe stellten nämlich fest, daß erstens die Katholiken in ihrer Mehrheit in den zurückliegenden zwölf Jahren eine hervorragende Haltung gegen den Nationalsozialismus eingenommen hätten und daß zweitens kein Versagen der Kirche selbst, sondern höchstens das einzelner Christen zu beklagen sei.[1]

Um diese Feststellung zu beweisen, wurden alle Diözesen aufgefordert, den Widerstand von Priestern und Ordensleuten möglichst bald zu erforschen und zu dokumentieren. Die Umfrage ging später in den umfangreichen Band »Priester unter Hitlers Terror« ein, der inzwischen bereits in der 3. (erweiterten) Auflage vorliegt.[2] Dieser Untersuchung, die – wie gesagt – schon wenige Wochen nach Kriegsende aufgenommen wurde, liegt ein derart weitgefaßter Verfolgungs- und Widerstandsbegriff zugrunde, daß es keiner Mühe bedurfte, die Kirche insgesamt als einen Ort des Widerstandes und jeden zweiten Priester als Verfolgten des Naziregimes zu bezeichnen.[3]

Neben dieser fragwürdigen Behandlung der kirchlichen Vergangenheit, die sich bis heute nicht wesentlich geändert hat, werden seit einigen Jahren in verstärktem Maße auch einzelne Christen herausgestellt, die sich im Widerstand gegen die Naziherrschaft besonders engagiert haben, oder solche, die aus weniger wichtigen Gründen in die Fänge der Gestapo geraten sind und dabei den Tod fanden. Zwar hat Papst Johannes Paul II. verfügt, daß in einer weltweiten Aktion ein »Martyrologium des 20. Jahrhunderts« erstellt werden soll, dennoch findet dieser Vorgang für uns in Deutschland im Hinblick auf die Zeit der nationalsozialistischen Gewaltherrschaft eine unvergleichliche Bedeutung und Brisanz. Das vatikanische Vorgehen wird außerdem mit zahlreichen Selig- und Heiligsprechungen in vielen Ländern der Erde verbunden. In Deutschland wurden in diesem Zusammenhang bereits P. Rupert Mayer, Prälat Bernhard Lichtenberg und der Priester Karl Leisner selig – sowie die Nonne Edith Stein heilig gesprochen. Das »deutsche Martyrologium unseres Jahrhunderts« führt über fünfhundert Personen auf, die den Gläubigen als Vorbilder für einen christlichen Glaubensmut in der NS-Zeit vorgestellt werden sollen.[4]

In den kirchlichen Veröffentlichungen wird immer wieder der Eindruck vermittelt, daß diese Frauen und Männer nicht nur mitten in der Kirche gestanden, sondern auch völlig in ihrem Sinne gehandelt hätten. Die Beschreibungen ihres Lebens und Sterbens sind dabei in einer Sprache und in begrifflichen Vorstellungen gehalten, die weniger zu einer engagierten historischen Reflexion und kritischen Auseinandersetzung als vielmehr zu einer andachtswürdigen Betrachtung von »Glaubenszeugen und Martyrern« anregen soll, was außerhalb der Kirche kaum noch verstanden werden dürfte. Deshalb wäre es an der Zeit, innerhalb der Kirche über den Umgang mit solchen Vorbildern wie auch über den Martyrerbegriff selbst neu nachzudenken. Dies dürfte zugleich ein positiver Beitrag zur weiteren Erforschung der politischen Widerstandsgeschichte der Christen in der NS-Zeit sein.

In dieser Schrift werden im ersten Teil – weitgehend im »Originalton« – die Rolle und Praxis der Kirche in der NS-Zeit skizziert. Dies geschieht vor allem unter dem Aspekt der realpolitischen Wirkung kirchlichen Verhaltens bezüglich der Außenpolitik Hitlers, des Zweiten Weltkrieges und der Verfolgung und Vernichtung der Juden. Aber auch die Frage nach einer grundsätzlichen Zustimmung der Kirche zur Politik der »nationalen Erhebung« wird nachfolgend in die Überlegungen einbezogen.

Im zweiten Teil wird der Aspekt behandelt, daß zwischen den Anliegen und Zielen der Kirchenleitung und denen der widerständigen Christen eine deutliche Distanz bestand und deshalb die heutige Vereinnahmung des Widerstandes einzelner Christen durch die Kirche nicht zu Recht besteht. Die im vorgesehenen Martyrologium genannten Frauen und Männer sind nicht aus einem Gehorsam gegenüber der Kirche, sondern eher aus einer Distanz zu ihr zu dem widerständigen Verhalten gegen die nationalsozialistische Gewaltherrschaft gekommen. Ihr Vorbildcharakter und ihre »Heiligkeit« sind deshalb nicht in einem angepaßten Gehorsam als vielmehr in der Bereitschaft und in der Fähigkeit zu einem gewissenhaften, ja gläubigen Ungehorsam gegenüber der staatlichen wie kirchlichen Obrigkeit begründet.

Im dritten Teil geht es um den schwierigen Umgang mit dieser Geschichte nach der Befreiung vom NS-Regime, u.a. um »Persilscheine« und Fluchthilfen für ehemalige Nazis durch kirchliche Kreise, um die nicht genutzte Chance, sich selbstkritisch mit der jüngsten Vergangenheit auseinanderzusetzen, und um eine Reihe problematischer Positionen und Entwicklungen in der kirchlichen Nachkriegsgeschichte, die darauf hinweisen, wie wenig die Kirche die Anliegen und Glaubensvollzüge der Widerstandskämpfer auch nachträglich überhaupt verstanden hat. Vor allem sollte uns die Frage beschäftigen, ob nicht auch für uns die »Heiligkeit« des Ungehorsams in einer notwendigen Widerstandskultur von zunehmender Bedeutung ist.

I. Gehorsame Kirche

1933 – das Jahr der Anpassung

Die vorrangige Option des Vatikans 1933 und in den nachfolgenden Jahren war zweifellos die Beseitigung der »atheistisch-bolschewistischen Gefahr« aus dem Osten. Diese Gefahr wurde von der römischen Kirchenleitung als so groß angesehen, daß sie bereit war, für deren Bekämpfung einiges zu opfern. Dieses Opfer bestand in der Annäherung an die nationalsozialistische Bewegung in Deutschland mit ihrem erklärten Haß gegen den Bolschewismus.[5] Nur mit einem erstarkten Deutschland konnte – nach Einschätzung des Vatikans – das strategische Problem gelöst werden. Hinzu kam ein zweites wichtiges Ziel Roms: der möglichst rasche Abschluß eines Konkordats, das für das gesamte Reich Gültigkeit haben sollte. Mit ihm wollte der Vatikan die rechtliche Stellung der Institution Kirche in dem neuen Staatsgefüge stärker absichern und verankern. Um diese beiden Ziele zu erreichen, war der Vatikan bereit, bestimmte Voraussetzungen zu schaffen bzw. Vorleistungen zu erbringen, und zwar:

- Rückzug der Kirche aus dem unmittelbaren Raum der Politik, d.h. Auszug aller Priester aus den Parlamenten, Entpolitisierung der katholischen Verbände und Vereine sowie Aufgabe der Zentrumspartei und der Bayerischen Volkspartei.
- Beachtung einer toleranten bis wohlwollenden Einstellung und Haltung des deutschen Episkopats zum Nationalsozialismus und zur neuen Staatsregierung.

Die Realisierung dieser Voraussetzungen brachte für die meisten katholischen Verbände, soweit sie sich in diesen Wochen nicht selbst auflösten oder geschlossen in die neuen nationalsozialistisch ausgerichteten Gruppierungen gingen, nur Nachteile. Das traf vor allem auf die Katholischen Arbeitervereine (die spätere KAB) zu. Nicht wenige Priester, die bisher in den Parlamenten tätig gewesen waren, kamen aus ihren Reihen; zudem war die Wahrnehmung eines politischen Mandats stets eine Aufgabe der KAB gewesen; sie gehörte zu ihrem Selbstverständnis. Schließlich war der linke Flügel des Zentrums die politisch-parlamentarische Heimat vieler KAB-Mitglieder. Diese Fakten wurden von nun an von der Kirchenleitung zur Disposition gestellt. Nachdem die beiden christlichen Parteien nach ihrer Zustimmung zum sogenannten Ermächtigungsgesetz vom 23. 3. 1933 von der Kirche fallengelassen worden waren, wurde der Druck durch die Nationalsozialisten so stark, daß nur noch deren Selbstauflösung im Sommer 1933 anstand. Auch die Christlichen Gewerkschaften gerieten in diesen Sog; ihr Vermögen wurde kurzerhand beschlagnahmt. Das Reichskonkordat warf seine Schatten voraus.

Während die deutschen Bischöfe im Jahr 1931 noch eine klare Gegenposition zum Nationalsozialismus und der NSDAP eingenommen hatten[6], kam nun – im Zuge des vatikanischen Konzeptes – eine Kehrtwendung zustande. Am 28. 3. 1933 erklärten die deutschen Bischöfe: »Ohne die in unseren früheren Maßnahmen liegende Verurteilung bestimmter religiös-sittlicher Irrtümer aufzuheben, glaubt daher der Episkopat das Vertrauen hegen zu können, daß die vorbezeichneten allgemeinen Verbote und Warnungen nicht mehr als notwendig betrachtet zu werden brauchen. Für die katholischen Christen, denen die Stimme ihrer Kirche heilig ist, bedarf es auch im gegenwärtigen Zeitpunkte keiner besonderen Mahnung zur Treue gegenüber der rechtmäßigen Obrigkeit und zur gewissenhaften Erfüllung der staatsbürgerlichen Pflichten unter grundsätzlicher Ablehnung allen rechtswidrigen oder umstürzlerischen Verhaltens.« [7] Die Bischöfe selbst gingen hierbei für die neuen Machthaber mit gutem Beispiel voran, indem sie den nun vorgesehenen Treueid auf das Deutsche Reich leisteten. Darin hieß es : »...in der pflichtgemäßen Sorge um das Wohl und das Interesse des deutschen Staatswesens werde ich in Ausübung des mir übertragenen Amtes jeden Schaden zu verhüten trachten, der es bedrohen könnte ...«[8]

Diese weitreichenden Vorgänge und kirchlichen Reaktionen gleich zu Beginn der NS-Herrschaft waren für einen Teil engagierter Katholiken kaum zu verstehen. Als die Bischöfe in einem weiteren Hirtenwort am 3. 6. 1933 noch eindeutiger für das NS-Regime Partei ergriffen, war die Ratlosigkeit über die Haltung und Praxis der Kirchenleitung bei diesen Katholiken perfekt. Der Kirchenhistoriker Guenter Lewy führt hierzu aus, daß nun das katholische Volk von seinen Bischöfen hören konnte, daß die Kirche das Neugewordene, wenn der Staat nur gewisse Rechte und Forderungen der Kirche achte, dankbar und freudig unterstützen würde. Im einzelnen begrüßte das Hirtenwort das »nationale Erwachen«, die »starke Betonung der Autorität«, für die die Kirche immer einen besonderen Sinn gehabt habe, »die Ziele, die die neue Staatsautorität für die Freiheit unseres Volkes erstrebe, und für die feierlichen Bekenntnisse der führenden Männer zum Christentum«. Kritische Bedenken, wie etwa der Hinweis auf die Ungerechtigkeiten, zu denen »die ausschließliche Betonung der Rasse und des Blutes« führe, waren so vorsichtig formuliert, daß sie den zustimmenden Tenor kaum störten.

Und an die katholischen Verbände und engagierten Christen gewandt, betonten die Bischöfe in demselben Hirtenwort: »Wenn wir deutschen Bischöfe die aufgezählten Forderungen erheben, so liegt darin nicht etwa ein versteckter Vorbehalt dem neuen Staat gegenüber. Wir wollen dem neuen Staat um keinen Preis die Kräfte entziehen, und wir dürfen es nicht, weil nur die Volkskraft und die Gotteskraft, die aus dem kirchlichen Leben unversiegbar strömt, uns erretten und erheben kann. Ein abwartendes Beiseitestehen oder gar eine Feindseligkeit der Kirche dem Staate gegenüber müßte Kirche und Staat verhängnisvoll treffen.«[9]

Man muß bedenken, daß diese Kundgebung der deutschen Bischöfe bereits nach vielen ungesetzlichen Gewaltmaßnahmen der Nazis, nach dem ersten schweren Judenpogrom vom 1. 4. 1933 und nach der Verfolgungswelle gegen Kommunisten, Sozialisten und andere Regimegegner veröffentlicht wurde, so, als ob nichts geschehen sei. Für die noch einigermaßen intakten katholischen Verbände und kirchlichen Organisationen war die Anpassungspolitik der deutschen Bischöfe an die »nationale Erhebung« ein schwer zu deutendes Zeichen. Nach anfänglich eigenen Irritationen sahen die meisten katholischen Verbände die politische Lage inzwischen realistischer als die Kirchenleitung. So kamen die Bedenken gegen den Abschluß eines Reichskonkordats mit einem solchen Regime nicht von ungefähr.

Das Konkordat[10], das am 20. 7. 1933 zwischen dem Deutschen Reich und dem Vatikan abgeschlossen wurde, war im wesentlichen das Werk des früheren Nuntius in Berlin, Eugenio Pacelli, der nach über zehnjähriger Tätigkeit in Deutschland am 7. 2. 1930 als Kardinalstaatssekretär nach Rom zurückgekehrt war. Zwar hatte er erreicht, daß bereits 1925 mit Bayern, 1929 mit Preußen und 1932 mit Baden Konkordate abgeschlossen werden konnten; sein großes Vorbild waren jedoch die Lateranverträge, die der Vatikan mit der faschistischen Regierung Italiens am 11. 2. 1929 abgeschlossen hatte. In diesen Verträgen gab es einerseits schon die Zustimmung zu einem Rückzug der Kirche aus der Politik, aber auch die juristische Absicherung der Kirche als selbständigen Rechtsträgers und die Berücksichtigung bestimmter kirchlicher Interessen in diesem faschistischen Staat.

Pacelli sah nach der Machtübernahme der Staatsgewalt durch Hitler die Stunde gekommen, nunmehr das alte und große Anliegen eines Reichskonkordates möglichst bald unter Dach und Fach zu bringen. Obwohl über diesen historischen Vorgang schon so viel geforscht und geschrieben worden ist, bleibt immer noch einiges im Bereich der Spekulation, vor allem, was die wirklichen Interessen und Schritte des Vatikans insgesamt sowie manche Details inhaltlicher und struktureller Fragen betrifft. Eine vollständige Offenlegung der mannigfachen Querverbindungen zwischen dem Heiligen Stuhl und der NS-Regierung während der Verhandlungen könnte einiges (er-)klären. Tatsache ist, daß Pacelli zunächst völlig an der deutschen Bischofskonferenz vorbei agierte und damit die Vorstellungen und Interessen des Vatikans in einem ersten Entwurf ohne sie festschrieb; ein Vorgang, auf den Hitler gegenüber den deutschen Bischöfen sogar triumphierend hinwies. Aber mit der Stellungnahme der Bischofskonferenz vom 28. 3. 1933 lagen die deutschen Bischöfe ja bereits auf einer Linie, die einer kritischeren Einstellung zu einem künftigen Reichskonkordat kaum noch Chancen bieten konnte. Andererseits gab es sogar eine deutliche (innere) Zustimmung zu dem Ergebnis dieser Vatikanpolitik. So fühlte sich der Münchener Kardinal Faulhaber bemüßigt, nach der Unterzeichnung des Reichskonkordats ein Telegramm an Hitler zu senden mit dem Text: »Was die alten Parlamente und Parteien in 60 Jahren nicht fertigbrachten, hat Ihr staatsmännischer Weitblick in 6 Monaten weltgeschichtlich verwirklicht. Für Deutschlands Ansehen nach Osten und Westen und vor der ganzen Welt bedeutet dieser Handschlag mit dem Papsttum, der größten sittlichen Macht der Weltgeschichte, eine Großtat von unermeßlichem Segen ... Uns kommt es aufrichtig aus der Seele: Gott erhalte unserem Volk unseren Reichskanzler.«[11]

Selbst Jahre nach Abschluß des Konkordates und nachdem die häufige Nichtbeachtung desselben durch die NS-Regierung ganz offensichtlich war, stellte der Freiburger Erzbischof Gröber in seinem »Handbuch der religiösen Gegenwartsfragen« (1937) fest: »Was die Bewertung des deutschen Konkordates betrifft, so war es, außen- und innenpolitisch betrachtet, die erste weittragende internationale Abmachung des neuen Reiches, was für Partei und Staat als ein moralischer Erfolg im Gegensatz zu den bisherigen vergeblichen Bemühungen des »Weimarer Systems« gebucht wurde und eine freudige Hinwendung der bekenntnistreuen Katholiken zum nationalsozialistischen Staat zur Folge haben konnte. Kirchenpolitisch bewies der Abschluß des Konkordates, daß zwei ihrem Wesen nach totale Gewalten dennoch eine Einigung finden können, wenn die Gebiete sich sondern und Überschneidungen der Zuständigkeit auf freundschaftliche Art zu Gemeinsamkeiten oder Parallelen werden. Religiös-kirchlich gesehen bedeutet das Konkordat eine Ablehnung der Trennung von Kirche und Staat zu Gunsten einer harmonischen Zusammenarbeit und die Rechtssicherheit auf kirchenpolitischem Gebiet.« [12]

Für einen Teil der katholischen Verbände (KAB, Kolping, Jugendverbände etc.) war das Reichskonkordat eine Falle, aus der sie sich aus eigener Kraft nicht mehr befreien konnten. Aber auch die Bischöfe und der Vatikan taten zu wenig, um sie aus der Gefahrenzone zu bringen. Ursache hierfür war die Ungeklärtheit, in der man den Artikel 31 im Konkordat belassen hatte. In ihm sollten die Rolle und Aufgaben der katholischen Verbände und Vereine einschließlich einer entsprechenden Liste festgelegt werden. Es ist schwer auszumachen, welche Seite der beiden Verhandlungspartner diese »Ungeklärtheit« herbeigeführt hat. Sicher lag es nahe, daß sich Hitler kaum für eine Festigung der Positionen katholischer Verbände im öffentlichen bzw. kirchlich-gesellschaftlichen Leben erwärmen konnte. Es gibt aber durchaus auch Vermutungen und Hinweise darauf, daß sich selbst ein großer Teil der deutschen Bischöfe und der Vatikan mit der bisherigen geschichtlichen Entwicklung der katholischen Verbände in Deutschland nicht besonders gut abfinden konnten. Ihrer Meinung nach waren sie der kirchlichen

Hierarchie gegenüber viel zu selbständig geworden, hatten sich politische Mandate erworben und agierten oft außerhalb einer Einflußnahme des Episkopates. Das traf nicht nur für das Engagement in Parteien und Gewerkschaften zu, das betraf auch viele Teile der Bildungsarbeit und der Publikationen.

So lag es nahe, daß ein Modell ins Blickfeld kam, in dem sich die Katholiken und ihre Zusammenschlüsse mehr dem engeren Auftrag für die Pastoral widmen und der unmittelbaren Aufsicht des zuständigen Diözesanbischofs unterstellen sollten. Es gab auch die Vorstellung einer straffen Aufgliederung nach Männern und Frauen, männlicher und weiblicher Jugend. Dieses Modell hieß »Katholische Aktion«. Eine eindeutige und klare Definition dessen, was wirklich darunter zu verstehen war – vor allem in der fast unübersichtlichen Vielfalt der Vereine, Gruppen und Verbände in Deutschland –, gab es zu keiner Zeit, obwohl die Anfänge dieser Bewegung bereits bis in die Mitte des 19. Jahrhunderts zurückgingen. Die Unterschiede der Katholischen Aktion in Frankreich zu der in Deutschland waren jedenfalls offensichtlich. Während sie dort neue Aktivitäten der katholischen Laien erweckte, waren die Intentionen in Deutschland eher auf eine Zusammenfassung und eine Vereinheitlichung der bereits vorhandenen Kräfte ausgerichtet. In den Lateranverträgen war die Katholische Aktion so definiert worden, daß sich ihre Tätigkeit außerhalb der politischen Parteien und in unmittelbarer Abhängigkeit von der kirchlichen Hierarchie zur Vorbereitung und Verwirklichung der katholischen Glaubensgrundsätze befand. Aus dieser Sicht und den vorgenannten Überlegungen und Entwicklungen ging jedenfalls hervor, daß für die Verbände der Raum ihrer Aktivitäten nicht nur deutlich kleiner, sondern auch ihr Selbstverständnis weitgehend in Frage gestellt wurde. Wie sehr sie zum Spielball für die verschiedenen Interessen wurden, geht aus den nachfolgenden Verhandlungen zwischen dem Vatikan und der NS-Regierung hervor, die sich bis in das Jahr 1935 fortsetzten.

Klaus Scholder, der leider früh verstorbene Historiker, kommt zu dem Urteil: »Unter den vielen Fehlern, die der Kurie im Verlauf der Konkordatsverhandlungen unterliefen, war die Nachlässigkeit in der Behandlung der Auslegungsgrundsätze zweifellos einer der bedenklichsten. Denn man unterließ es in der Hast der Schlußverhandlungen nicht nur, die Verbindlichkeit dieser Vereinbarung festzulegen, sondern verlor sie nach Unterzeichnung offenbar ganz aus den Augen.«[13]

Das Ergebnis dieser verfahrenen Lage war der Anstieg von Willkürmaßnahmen des neuen Regimes gegen die katholischen Verbände und gegen einzelne Mitglieder. Beschlagnahmungen von Verbandsvermögen, Zwang zu Entlassungen, Auflösung von Bezirks- und Diözesanverbänden, Verbot von Schrifttum und Versammlungen waren bald an der Tagesordnung. Vor allem das Verbot der sogenannten Doppelmitgliedschaft (d.h einer gleichzeitigen Mitgliedschaft in einem katholischen Verband und in der Deutschen Arbeitsfront) hatte für die noch bestehenden katholischen Verbände weitreichende Konsequenzen. Als die KAB-Leitung wieder mal beim Vertreter des Vatikans in Berlin, Nuntius Orsenigo, der bekanntlich deutliche Sympathien für das NS-Regime hegte, am 3. 5. 1935 protestierte und ihn aufforderte, sich für den Fortbestand der katholischen Verbände einzusetzen, entgegnete dieser sinngemäß laut Protokoll der KAB von diesem Tag: »Wir vertrauen auf die göttliche Vorsehung. Der Heilige Vater ist wie ein Arzt, der sorgenvoll wartet, ob Wunden nicht von selbst heilen. Nur im äußersten Notfalle schneide er an ... Im übrigen bin ich Diplomat!«[14] Auch ein eigenes Hirtenwort an die katholischen Arbeiter- und Arbeiterinnenverbände vom Juni 1935[15] konnte die Sorge um ihren Bestand nicht mindern. Deshalb drückten die katholischen Verbände in ihrer August-Denkschrift im selben Jahr den Bischöfen gegenüber ihr weitverbreitetes Gefühl des Alleingelassenseins aus und warnten vor einem »Martyrium ohne Auftrag«.[16]

Fast zur gleichen Zeit, nämlich am 20. 8. 1935, schickten die deutschen Bischöfe an Hitler ein Schreiben, in dem es wörtlich hieß: »Wir Bischöfe, auf deren Gewissen die Aufsicht über die katholischen Verbände liegt, verbürgen uns, daß diese katholischen Verbände keine politischen, oder gar, was Wahnsinn wäre, dem jetzigen Regiment feindlichen Tendenzen pflegen.«[17]

Die Frage liegt nahe, wie diese kirchlichen Stellungnahmen und Vorgänge auf die Priester und Laien in den Leitungen der katholischen Verbände gewirkt haben. Ob sie nicht verzweifelt Ausschau nach einer Kirche hielten, die sich mehr in der Pflicht des Evangeliums verstand: Rede, verkünde das Evangelium, sei es gelegen oder ungelegen! Schließlich waren die Bischöfe (und selbstverständlich auch der Papst) für die Katholiken die Speerspitze der Glaubensgemeinschaft, und dies nicht nur in reinen Glaubensfragen. Ein solches Kirchenbild hatten nicht nur die Laien, sondern auch die Bischöfe, die sich – im Zuge des Unfehlbarkeitsdogmas von 1870 – in einer zunehmenden Weise quasi selbst für unfehlbar hielten. Auf jeden Fall aber verstanden sie sich als das ausführende Organ der päpstlichen Unfehlbarkeit. Mittel und Methode, dies zum Ausdruck zu bringen, waren die »Weisungen«, die in Hirtenworten, Kundgebungen und Enzykliken, ja sogar in Briefen an das Glaubensvolk verkündet wurden. Die oben erwähnte gewisse Selbständigkeit der Laien in einer Reihe von Verbänden und Vereinen steht auf keinen Fall im Widerspruch zu dem hier kurz angesprochenen Kirchenbild, das im Jahr 1933 etwa wie folgt zum Ausdruck gebracht werden könnte: In dieser schweren Zeit warten wir Gläubigen vertrauensvoll auf das klare Wort der Bischöfe und ihr öffentliches Wirken und Handeln!

Die bischöflichen Weisungen, von denen einige oben bereits zitiert wurden, haben aber leider bewirkt, daß sich die Kirchenleitung in diesem Entscheidungsjahr 1933 offiziell und nach außen hin auf die Linie einer wohlwollenden Toleranz und Akzeptanz gegenüber dem NS-Regime festlegte und damit die neue politische Richtung in Deutschland für eine breite Masse der Katholiken akzeptabel machte. Von der anderen Seite der Kirche, nämlich der der vielen Eingaben und Protestschreiben an Regierungsstellen und Parteivertreter, die es durchaus gab, konnten die Gläubigen kaum etwas hören oder lesen. Sie mußten deshalb immer mehr das Bild von einer »gehorsamen« Kirche gewinnen.

Einen besonders vorauseilenden Gehorsam legte der Freiburger Erzbischof Gröber in den ersten Jahren des NS-Regimes an den Tag. Am 2. 3. 1934 vertritt er die Meinung, daß in »tunlichster Bälde Verhandlungen aufzunehmen (wären) mit dem Zwecke, die katholische Jugend in die Hitlerjugend einzureihen. Es läge das sowohl im Interesse der katholischen Jugend als auch der Hitlerjugend selbst. Die katholischen Organisationen sollen die Führerschulen für die katholische Hitlerjugend bilden.«[18]

Diese Entwicklung zu einer wachsenden Anpassung wurde verstärkt durch Positionen und Veröffentlichungen in der Lehr- und Forschungstätigkeit prominenter katholischer Theologen und Ordensleute. So zeigte der Kirchenhistoriker Joseph Lortz »grundsätzliche Ähnlichkeiten zwischen der nationalsozialistischen und der katholischen Weltanschauung« auf. Der Münsteraner Dogmatikprofessor Michael Schmaus trat für die »Reinerhaltung des Blutes, dieser Grundlage für die geistige Struktur eines Volkes« ein. Und der weltberühmte Tübinger Theologe Karl Adam verglich die Zusammengehörigkeit von NS-Regime und Katholizismus mit der Lehre des heiligen Thomas von »Natur und Gnade«. Schließlich forderte der Kölner Professor Theodor Brauer alle Katholiken dazu auf, im neuen Deutschland mitzuarbeiten, auch wenn ihnen zunächst noch von NS-Seite »die kalte Schulter« gezeigt würde.[19] Aber auch die meisten katholischen Zeitschriften folgten diesem Trend bis hin zu der renommierten Jesuitenzeitschrift »Stimmen der Zeit«, die darauf hinwies, wie schöpferisch das Hakenkreuz doch sein könne. Wörtlich: »Die Person Hitlers selber ist zum Symbol des Glaubens der deutschen Nation an ihren Bestand und ihre Zukunft geworden.«[20] In dem gesamten Zeitraum von 1933–1945 haben die theologischen Fakultäten, vom wissenschaftlichen wie theologischen Standpunkt aus gesehen, ein klägliches Bild abgegeben und für die Gläubigen keine Hilfestellung hinsichtlich einer religiös-moralischen Widerstandskultur gegeben.

Bei diesen Vorgaben fiel es den Katholiken deshalb leicht, sich der Sache der »nationalen Erhebung« durch Hitler nicht weiter zu entziehen, sondern freudig mitzumachen. Bei den zweiten Wahlen im Jahr 1933 (am 12. 11.) war der Integrationsprozeß der Katholiken in das neue System – politisch und gesellschaftlich gesehen – so weit fortgeschritten, daß er für Hitler zu einer kalkulier- und beherrschbaren Größe geworden war. Der bereits erwähnte Historiker Klaus Scholder kommt in seiner detaillierten Abhandlung über das Jahr 1933 zum Schluß: »So bot, trotz aller Unterschiede im Episkopat, der deutsche Katholizismus am Jahresende ein Bild der Geschlossenheit. Es war eine Geschlossenheit, die sich im wesentlichen an der Politik des Heiligen Stuhles orientierte, durch Verhandlungen mit Hitler doch noch zu einem Ausgleich der Interessen zu kommen. Diese Politik war ein Irrtum. Aber sie war nicht allein ein Irrtum des Heiligen Stuhles. Sie war der Irrtum Europas.«[21]

Bei aller differenzierten Sicht der kirchlichen und politischen Wirklichkeit muß aber grundsätzlich festgestellt werden: Aus dieser Geschlossenheit der katholischen Kirche und des katholischen Milieus auszubrechen setzte Mut und eine schwere, tiefgreifende Gewissensentscheidung voraus, verlangte andere Antworten, als sie die Bischöfe in ihren öffentlichen Stellungnahmen gaben, bedingte die Einkalkulierung eines hohen Risikos für Leib und Leben. Dazu waren nur sehr wenige Christen bereit.

Im Vorkrieg

Die Rolle und die Praxis der Kirche und der Katholiken in den Vorkriegsjahren zu kennzeichnen ist sehr schwierig. Es gibt zu viele Unterschiede im Detail ihrer Haltung zum Nationalsozialismus und zum neuen Regime, so daß es einer Vorentscheidung bedarf, um sich in diesem Komplex überhaupt zurechtfinden zu können. Diese Vorentscheidung muß vor allem im Hinblick auf das methodisch-didaktische Vorgehen getroffen werden. Wer seit Jahren die öffentliche Rezipierung der Thematik »Kirche und NS-Zeit« verfolgt (Papst- und Bischofsworte, Publikationen, Vorträge, Ausstellungen, Seligsprechungen etc.), muß feststellen, daß die Frage nach Art und Weise des Herangehens an diesen Komplex von entscheidender Bedeutung ist. So stellt sich z.B. die Frage, ob mit der Aufzählung einer Reihe von Vorgängen widerständigen Verhaltens einzelner Katholiken oder etwa mit der Untersuchung eines lokal begrenzten Widerstands gegen die Nazidiktatur paradigmatisch zugleich vom »Widerstand der Kirche« gesprochen werden kann. Diese Frage bedeutet nicht – um Mißverständnisse zu vermeiden – die Herabsetzung vieler mutiger Einzelbeispiele von Katholiken gegen die Naziherrschaft, ihrer Opfer und ihrer Leiden. Sie bedeutet auch nicht eine Mißachtung der wertvollen Erforschung dieser Vergangenheit in Orts- und Stadtteilen oder auf der Ebene einer Pfarrgemeinde, die in den letzten Jahren viele wichtige Details zum Widerstand der »kleinen Leute« beigetragen hat. Was hier ansteht, ist die Frage nach der generellen Linie, auf die sich die Kirche und die Katholiken damals eingelassen hatten und die sie tatsächlich auch verfolgten, also *die Frage nach dem historisch entscheidenden und politisch relevanten Beitrag der Kirche in den Jahren von 1933 bis 1945.*

Diese Sicht- und Herangehensweise hat vor allem der Schriftsteller Jean Améry in seinem Buch »Jenseits von Schuld und Sühne« angemahnt, wenn er feststellt: »Die Geschichtsschreibung sieht allemal nur Einzelaspekte und vor lauter Bäumen den Wald nicht, den deutschen Wald des Dritten Reiches. Damit aber wird die Geschichte selber als Begriff untauglich, und mir fällt nur noch ein Satz von Claude Lévi-Strauss aus seinem Buch »La pensée sauvage« ein, wo er sagt, es löse am Ende alles historische Geschehen sich auf in Ketten nur physikalischer Prozesse und es habe das Wort Geschichte kein eigentliches Objekt.«[22]

Eine solche Sicht von Historie auf die Kirche bezogen müßte heißen, daß man vor lauter Bäumen nicht den Wald übersehen darf, »den kirchlichen Wald im Nationalsozialismus«. Konkret würde das bedeuten:

- Die vielen Einzelbeispiele widerständigen Verhaltens von Katholiken, so wertvoll sie im einzelnen sind, können nicht (was die NS-Zeit betrifft) das Faktum eines »Widerstandes der Kirche« erfüllen.
- Diese Einzelbeispiele können und dürfen nicht die Tatsache verdecken, daß der weitaus größte Teil der Katholiken direkt oder indirekt zur Stabilisierung des Dritten Reiches beigetragen hat.
- Vor allem dürfen wir nicht aus den Augen verlieren, daß es insgesamt nicht die Laien oder die einzelnen Gläubigen waren, die die Geschicke der Kirche in Staat und Gesellschaft zu bestimmen hatten oder ihr Bild prägten (prägen sollten), sondern die Bischöfe in möglichst enger Verbindung mit dem Papst. Die Kirche vor dem Zweiten Vatikanischen Konzil war in Selbstverständnis und Struktur »eine Art von übernatürlichem Obrigkeitsstaat« (J. Ratzinger)[23], so daß Papst und Bischöfen nicht nur die großen Vollmachten in der Kirche zukamen, sondern damit auch die entscheidende Verantwortung für ihr Wohl und Wehe.

Zweifellos hatte sich selbst die Kirche gegen vielfältige Verfolgungen und brutale Unterdrückungen durch Schlägertrupps der Nazis, durch Polizei und Gestapo immer wieder zu wehren. Besonders mußten Klöster und Ordensgemeinschaften, aber auch die katholischen Verbände unter den vielen Rechtsverletzungen des Regimes leiden. Im Gegenzug sind – vor allem in den ersten Jahren der Naziherrschaft – nicht wenige eindrucksvolle Manifestationen des Glaubens und der Kirchentreue im damaligen Reichsgebiet zu nennen, von denen beispielsweise allein im Kölner Raum mehrere mit einer Beteiligung von bis zu 40 000 Gläubigen zu verzeichnen waren. Ein sehr einschneidendes Ereignis für die Kirche in diesen Jahren waren die Morde an dem Vorsitzenden der Katholischen Aktion in Berlin, Dr. Erich Klausener, an dem Leiter der Deutschen Jugendkraft (DJK), Adalbert Probst, an dem katholischen Redakteur Dr. Fritz Gerlich sowie an dem katholischen Studentenführer Dr. Fritz Beck. Im Zusammenhang mit dem sogenannten Röhm-Putsch wurden sie am 30. Juni 1934 ohne Anklage oder Gerichtsverfahren auf Befehl Görings und Heydrichs umgebracht. Die Gründe für diese Morde an führenden katholischen Laien sind nach wie vor schwer auszumachen.

Erstaunlich ist, und das ist die andere Seite der Kirche, daß die Kirchenleitung zu diesem feigen Morden (dem auch der ehemalige Reichskanzler von Schleicher zum Opfer fiel) einfach schwieg. Die deutschen Bischöfe enthielten sich, entgegen allen Erwartungen vieler Gläubiger, jeder öffentlichen Reaktion oder einer juristischen Anklage. Der kurz zuvor in die Schweiz emigrierte katholische Publizist Waldemar Gurian äußerte sich hierzu unmißverständlich mit den Worten: »Das Schweigen der Bischöfe ist vielleicht noch furchtbarer als alles, was am 30. Juni geschehen ist. Denn das Schweigen zerstört die letzte moralische Autorität in Deutschland, es trägt eine Unsicherheit in die Reihen der Gläubigen, es droht zu einer Entfremdung zwischen den Bischöfen und dem Volke zu führen, dem dieses Schweigen nicht mehr begreiflich ist.«[24]

Ein Protest der Bischöfe kam ebenfalls nicht, als die SS und die Gestapo die ersten Konzentrationslager errichteten, um unkontrolliert von Öffentlichkeit und Justiz der Unterdrückung und Vernichtung politisch mißliebiger Personen und Gruppen nachgehen zu können. Als der Osnabrücker Bischof Berning im Juni 1936 einige Konzentrationslager besichtigte, lobte er sogar anschließend diese Einrichtungen. Vom Wachpersonal soll er sich mit einem dreifachen »Sieg Heil« verabschiedet haben.[25] Auch zur Verfolgung und beginnenden Massenvernichtung der Juden kam in all diesen Jahren kein wirklicher und glaubwürdiger Protest seitens der deutschen Bischöfe. In keinem Hirtenbrief eines Bischofs und in keiner Kundgebung des deutschen Episkopats ist je das Wort Jude verwandt worden. In diesem Vorkrieg, in dem zunächst der innenpolitische Kampf gegen jeden »Staatsfeind« mit aller Härte geführt wurde, in dem die Nürnberger Gesetze vom September 1935 die grausame Stigmatisierung der Juden bereits erkennen ließen, in dem mit einer aggressiven Außenpolitik die Weichen für die kommenden Angriffskriege gestellt wurden, waren die veröffentlichten Worte der Bischöfe, neben allen Klagen über eigene erlittene Drangsalierungen, dennoch auf Ruhe, Ordnung und vor allem Gehorsam gegenüber der staatlichen wie kirchlichen Autorität ausgerichtet.

Und nicht nur das: Viele Bischöfe ließen inzwischen deutlich ihre eigene Begeisterung für die nationale Erhebung erkennen und forderten die Gläubigen auf, positiv und freudig am Aufbau dieses Dritten Reiches mitzuwirken. Die Sprache von »Blut und Boden«, ja sogar vom »Volk ohne Raum« fand erneut in kirchliche Verlautbarungen Eingang, und selbst ein Erzbischof sah sich bereit, förderndes Mitglied der SS zu werden.[26] In Anwesenheit von Formationen der HJ und SA und unter Hakenkreuzfahnen feierte der päpstliche Nuntius Cesare Orsenigo zum Abschluß des Reichskonkordates in Berlin einen feierlichen Gottesdienst.

Das alles waren, wie gesagt, keine Pflichtveranstaltungen, hier wirkten eine innere Zustimmung und eine persönliche Begeisterung zu der »nationalen Erhebung« mit. Bei seinem Antrittsbesuch bei Hitler erklärte das Mitglied des Preußischen Staatsrates (!), der bereits oben zitierte Bischof von Osnabrück, am 26. 4. 1933 in der Reichskanzlei, daß die Bischöfe freudig den neuen Staat anerkennen und die Gläubigen zum Gehorsam und zur Ehrfurcht ihm gegenüber anhalten würden. Hitler erklärte u.a.: »Es droht eine schwarze Wolke mit Polen. Wir haben Soldaten notwendig, gläubige Soldaten. Gläubige Soldaten sind die wertvollsten. Die setzen alles ein … In dieser Aufgabe müßten Kirche und Staat eng zusammenarbeiten.«[27] – Der »Vorkrieg« hatte nicht nur in den Schaltzentralen der Nazis begonnen, er hielt auch Einzug in die katholische Kirche Deutschlands.

Besonders die außenpolitischen »Erfolge« Hitlers hatten es den Bischöfen angetan. Sie sparten weder mit anerkennenden Worten von den Kanzeln noch mit frohem Glockengeläut und Beflaggung mancher Kirchtürme mit der Hakenkreuzfahne. Ob es der Auszug aus dem Völkerbund war oder die Saarabstimmung, die vertragswidrige militärische Besetzung des Rheinlands oder die Vereinnahmung des Sudetenlandes – das Lob der Bischöfe war stets zur Stelle. Auch zum Geburtstag Hitlers fühlten sich einige Bischöfe (z.T. bis ins Jahr 1945!) bemüßigt, Glück- und Segenswünsche für Person und Amt zu übermitteln.[28] Und Hitler gab acht, daß ihm und der Kirche nicht das große strategische Ziel aus dem Blickfeld kam. Beim Besuch Kardinal Faulhabers auf dem Obersalzberg am 4. 11. 1936 mahnte ihn Hitler: »Überlegen Sie, Herr Kardinal, und sprechen Sie mit den anderen »Führern der Kirche«, in welcher Weise Sie die große Aufgabe des Nationalsozialismus, den Bolschewismus nicht Herr werden zu lassen, unterstützen und in ein friedliches Verhältnis zum Staat kommen wollen. Entweder siegen Nationalsozialismus und Kirche gemeinsam oder sie gehen beide zugrunde.«[29]

Etwa eine Woche später unterbreitete Kardinal Faulhaber den deutschen Bischöfen seinen Entwurf für eine bischöfliche Kundgebung gegen den Bolschewismus. Das Zusammengehen von Kirche und NS-Regime hatte mal wieder funktioniert.

Eine große Unterstützung durch die Kirche erhielt Hitler auch in seiner Politik des Anschlusses Österreichs an das Deutsche Reich. Am 20. 5. 1938 schrieb der Vorsitzende der österreichischen Bischofskonferenz, der Wiener Kardinal Innitzer, an den neuen Gauleiter: »Sehr geehrter Herr Gauleiter, beigeschlossene Erklärung der Bischöfe übersende ich hiermit. Sie ersehen daraus, daß wir Bischöfe freiwillig und nicht ohne Stolz unsere nationale Pflicht erfüllt haben. Ich weiß, daß dieser Erklärung eine gute Zusammenarbeit folgen wird. Mit dem Ausdruck ausgezeichneter Hochachtung Ihr Kardinal Innitzer«[30]

Und an alle Gläubigen in Österreich richteten die Bischöfe den dringenden Appell: »Am Tage der Volksabstimmung ist es für uns Bischöfe selbstverständliche nationale Pflicht, uns als Deutsche zum Deutschen Reich zu bekennen, und wir erwarten auch von allen gläubigen Christen, daß sie wissen, was sie ihrem Volk schuldig sind.«[31]

Aber nicht nur die österreichischen Bischöfe begrüßten den »Anschluß« an das Reich; auch deutsche Bischöfe lobten ihn in den höchsten Tönen. In einem Brief vom 12. 3. 1938 teilte der Augsburger Weihbischof Franz Xaver Eberle Hitler seine Bewunderung »über die historisch einmalige Tat der Vereinigung Österreichs mit dem Reich« mit. Hierfür verdiene der Führer »nicht nur den Namen eines Befreiers Österreichs und eines Mehrers des Deutschen Reiches, sondern besonders den Namen eines Friedensheros«. Und am Schluß versicherte der Weihbischof: »Ich liebe mein Vaterland glühend und stelle mich meinem Führer jederzeit zur Verfügung.« Und nochmal auf die persönliche Begegnung mit Hitler eingehend, erklärt Eberle: »Es ist mir eine herzliche Freude, daß es mir am 6. Dezember 1937 vergönnt war, Auge in Auge mit dem Manne zu stehen, dem das größer gewordene Deutschland soviel verdankt. Nehmen Sie, mein Führer, die Versicherung meiner größten Verehrung, in der ich mich nenne Herrn Reichskanzler ergebenster Dr. Franz Xaver Eberle, Weihbischof von Augsburg.« [32]

Diese Zitate aus Österreich und aus Augsburg waren keine diplomatischen Pflichtübungen; sie brachten zu diesem Zeitpunkt (!) vielmehr eine deutliche Sympathie für das nationalsozialistische System und seinen »Führer« zum Ausdruck. Sie sorgten dafür, daß das »Schwert« der Kirche (der Kairos, d.h. das mutige Wort zur richtigen Zeit) stumpf blieb und ihre potentielle Rolle als Ort des Widerstandes immer fraglicher wurde.[33] Sicher fehlte den meisten Bischöfen für einen manifesten Widerstand gegen das NS-Regime einfach der Mut. Das ist durchaus verständlich, denn mit der Bischofsweihe wird bekanntlich nicht gleichzeitig eine Fähigkeit zum Heldentum verliehen. Dennoch hatten die engagierten Laien und die wenigen Priester, die inzwischen konkrete Schritte in einen Widerstand vollzogen hatten, höhere Erwartungen an die Bischöfe und an die Kirchenleitung insgesamt, obwohl auch hier nicht übersehen werden darf, daß es immer noch der Vatikan war, der in den großen kirchenpolitischen Zielen und ihren Schritten dorthin das Sagen hatte – auch über die deutschen Bischöfe.

»Christen gegen Juden«

In der »Judenfrage«, wie es im Jargon der Nazis hieß, so als ob es sich hier um eine Frage gehandelt hätte, verhielten sich die Bischöfe völlig zurückhaltend. Dieser Praxis lag eine klare Entscheidung zugrunde, denn der Vorsitzende der deutschen Bischofskonferenz, Kardinal Bertram, Breslau, teilte bereits am 31. 3. 1933 seinen Amtsbrüdern in den Erzbistümern schriftlich mit, daß es sich bei den Juden um einen »in kirchlicher Hinsicht nicht nahestehenden Interessentenkreis« handle;[34] mit anderen Worten: Die Juden sind nicht unsere Klientel. Diese Einstellung und Praxis kamen nicht von ungefähr. Die Geschichte des Christentums ist eine Geschichte des Antisemitismus. Wer das Buch von Gerhard Czermak »Christen gegen Juden«[35] liest, der weiß, wie sehr die Kirche in den Judenhaß, in ihrer Verfolgung und Vernichtung involviert war. Auch im Lexikon der Religionen von 1987 wird dies wie folgt festgestellt: »Ohne die nahezu 2000 Jahre christliche Judenfeindschaft wäre Auschwitz nicht möglich gewesen.«[36] Es stellt sich sogar die Frage, »ob der Ursprung der christlichen Judenfeindschaft nicht in der Lehre selbst und ihrer Stiftungsurkunde«, dem Neuen Testament, enthalten ist.[37]

Im Fastenhirtenbrief 1939 erinnerte jedenfalls der Limburger Bischof Hilfrich seine Gläubigen noch einmal an die folgenreiche Verstrickung der Juden in ihr eigenes Schicksal: »Das jüdische Volk ist des Gottesmordes schuldig und steht seit dem Tag der Kreuzigung unter dem Fluch.« Daher könne man das Christentum nicht als ein Werk der Juden ansehen; es sei keine ausländische oder undeutsche Lehre. »Von unseren Vorfahren einmal erfaßt, findet es sich in innigster geistiger Vermählung mit dem germanischen Geist.«[38] Sein Amtsbruder, Erzbischof Gröber, Freiburg, stellte in einem Hirtenbrief im selben Jahr fest, daß man zwar aus Jesus keinen Arier machen könne, aber der Sohn Gottes habe sich von den Juden seiner Zeit grundlegend unterschieden – so sehr, daß sie ihn gehaßt und seine Kreuzigung gefordert hätten ...[39]

So standen die Christen und die Kirche weiterhin mit dem Rücken zum Schicksal der Juden. Die bisweilen als Alibis genannten anderen Verlautbarungen der Kirche heben diese grundsätzliche und politisch einzig relevante Haltung der katholischen Kirche nicht auf. Anzuführen wären hier der sogenannte Menschenrechtshirtenbrief vom Frühjahr 1942, das Papstwort am Jahresende 1942 und der sogenannte Dekalog-Hirtenbrief der deutschen Bischöfe vom Herbst 1943, auf die später näher eingegangen werden soll.

Als besonderes Beispiel für eine mutige und deutlichere Haltung der Kirche in diesen Vorkriegsjahren wird immer wieder die im März 1937 von Papst Pius XI. verfaßte Enzyklika »Mit brennender Sorge« angeführt, die in einer spektakulären Weise heimlich in weiten Teilen des damaligen Reichsgebietes verbreitet und schließlich schlagartig veröffentlicht wurde. Obwohl das päpstliche Schreiben zunächst unter den kirchentreuen Katholiken eine Begeisterung ausgelöst hatte, schafften es die Nazis, die entstandene Unruhe schnell wieder unter Kontrolle zu bringen. Dabei halfen ihnen indirekt sogar die Bischöfe, indem sie den neuen Stil, den ihnen der Papst im Umgang mit dem Regime vorgegeben hatte, nicht aufgriffen, sondern bei ihrer bisherigen Methode blieben, nämlich den wohldosierten und in der Öffentlichkeit nicht wahrnehmbaren Eingaben an Reichsregierung und Behörden. So mußten sich die Gläubigen weiter fragen: Was tun eigentlich unsere Bischöfe? Sagen sie nichts zu dem, was hier gegen die Kirche und das ganze kirchliche Umfeld alles geschieht?

Wer allerdings die Enzyklika heute liest, muß feststellen, daß ihr in der öffentlichen Meinung (und in manchen Veröffentlichungen katholischer Publizisten und Historiker) eine Einschätzung zukommt, die überzogen erscheinen muß. In erster Linie befaßte sich das päpstliche Rundschreiben mit der Sorge um die eigene Existenz der Institution Kirche. Weiter standen im Mittelpunkt der Enzyklika die Fragen um die Bewahrung des Glaubens, der sittlichen Ordnung, des Naturrechts und der christlichen Erziehung. Die sogenannte »Rassenfrage« fand dagegen nur einen kleinen Raum, und dies ebenfalls unter peinlicher Vermeidung des Wortes Jude. Der entscheidende Absatz hierzu lautete wörtlich:

»Wer die Rasse, oder das Volk, oder den Staat, oder die Staatsform, die Träger der Staatsgewalt oder andere Grundwerte menschlicher Gemeinschaftsgestaltung – die innerhalb der irdischen Ordnung einen wesentlichen und ehrengebietenden Platz behaupten – aus dieser irdischen Wertskala herauslöst, sie zur höchsten Norm aller, auch der religiösen Werte macht und sie mit Götzenkult vergöttert, der verkehrt und fälscht die gottgeschaffene und gottbefohlene Ordnung der Dinge. Ein solcher ist weit von wahrem Gottesglauben und einer solchem Glauben entsprechenden Lebensauffassung entfernt.«[40]

Dennoch waren das für die damalige kirchliche Praxis schon ungewöhnliche Worte. Und sicher mußte auch in diesem Schreiben, wie in anderen kirchlichen Publikationen, zwischen den Zeilen gelesen werden, wie dies an anderer Stelle der Enzyklika deutlich wird: »Der im Evangelium Jesu Christi erreichte Höhepunkt der Offenbarung ist endgültig, ist verpflichtend für immer. Diese Offenbarung kennt keine Nachträge durch Menschenhand, kennt erst recht keinen Ersatz und keine Ablösung durch die willkürlichen »Offenbarungen«, die gewisse Wortführer der Gegenwart aus dem sogenannten Mythos von Blut und Rasse herleiten wollen.«[41] So neu und herausfordernd solche Töne für die Nationalsozialisten auch waren, so hat andererseits die Enzyklika in Wirklichkeit nichts bewegt; sie hat weder den Pogrom am 9. 11. 1938 verhindern noch die Wannsee-Konferenz mit dem Beschluß der systematischen Vernichtung aller Juden vom 20. Januar 1942 aufhalten können. Im übrigen wußte Hitler um die Notwendigkeit der Komplizenschaft zwischen Vatikan und Drittem Reich, denn das gemeinsame Hauptziel stand immer noch aus: der Sieg über den »gottlosen Bolschewismus«.

Jedenfalls mußten die Christen das grausame Geschehen an den Juden irgendwie als einen Vollzug des Gottesurteils gegen die Gottesmörder angesehen haben; anders läßt sich ihre Haltung in dieser Zeit nicht verstehen. Dabei wissen wir, wie die Untersuchungen von Christopher Browning, Daniel Goldhagen[42] u.a. belegen, daß in dieser Vernichtungsmaschinerie »ganz normale Männer« mitgewirkt haben; und zu diesen gehörten sicher auch ganz normale Christen. Das trifft auch für den Pogrom am 9./10. November 1938 zu, als die Synagogen in Brand gesetzt, Geschäfte jüdischer MitbürgerInnen zerstört und viele Juden öffentlich gedemütigt und verfolgt wurden. Er fand nicht nur »unter den Augen der Bevölkerung«, sondern auch z.T. mit ihrer Hilfe und Unterstützung statt. Allein in Köln wurden, inmitten einer halben Million Katholiken, »während des Pogroms rund 400 meist wohlhabende Juden verhaftet und ins Konzentrationslager Dachau abtransportiert. Die Freilassung dieser ›Novemberjuden‹ ließen sich die Machthaber teuer bezahlen; viele der Gefangenen mußten sogar schriftlich den Verzicht auf ihren gesamten Besitz erklären.«[43] Das traf allgemein auf diejenigen Juden zu, die ins Ausland emigrieren wollten.

Es ist an anderer Stelle bereits vermerkt worden, daß in keinem offiziellen Papst- oder Bischofswort in den Jahren von 1933–1945 das Wort Jude verwandt worden ist. Eine Ausnahme gibt es jedoch: nämlich die sogenannten Adventspredigten, die Kardinal Faulhaber 1933 in München gehalten hat. Sie werden in kirchennahen Publikationen oft als das mutige Beispiel des Eintretens des Episkopats für die Belange der Juden qualifiziert. In Wirklichkeit hat der Münchener Kardinal in diesen Predigten nichts anderes als eine deutliche theologische Abgrenzung zwischen den Juden des Alten Bundes und den Juden nach dem Tode Christi vorgenommen. Er hat also lediglich das altbiblische Schrifttum verteidigt und in keiner Weise zur damaligen »Judenfrage« (selbst nicht zwischen den Zeilen) Stellung genommen.[44] Auch in mehreren Hirtenworten im Jahr 1939 haben sich deutsche Bischöfe bemüht festzustellen, daß sich Jesus von dem Volk der Juden so grundsätzlich abgesetzt habe, daß sie ihn gehaßt und seine Kreuzigung gefordert hätten; und ihr mörderischer Haß setze sich weiter durch die Jahrhunderte fort.[45]

Das genau hat der Freiburger Erzbischof in einem Brief an Papst Pius XII. vom 2. 2. 1944 – auf dem Höhepunkt des Holocaust – noch einmal bekräftigt. Er berichtete ihm in diesem Brief von seiner Predigt am Jahresende und teilte ihm wörtlich mit: »Ich führte ... aus, daß die neue Volksidee das Wesen des Christentums verkenne. Es sei kein Judentum, wenn es auch im israelitischen Volke den Träger und Vermittler göttlicher Gedanken und Verheißungen erblicke. Wie sich Christus selber zu dem zeitgenössischen Judentum gestellt habe, beweisen seine Kämpfe mit Pharisäern und Schriftgelehrten und das Kreuz auf Golgotha. Durch die Apostelgeschichte stehe fest, daß der Haß der Juden die Christen in der christlichen Frühzeit verfolgt habe ...«[46]

Solche Gedanken aus München und Freiburg waren dazu angetan, die »Brandstiftung« in Wort und Tat, die allenthalben gegen die Juden stattfand, nicht zu dämpfen, sondern letztlich zu fördern. In diesen Zeiten konnten solche Standpunkte und Äußerungen auf keinen Fall als bloßer »Antijudaismus« verstanden und gewertet werden, sondern nur als eine Unterstützung der rassistischen Haltung gegen die Juden.

Man muß bis heute den Eindruck haben, daß die Kirchenleitungen in Rom und Fulda damals nicht verstanden haben oder verstehen wollten, was sich in der Verfolgung und Vernichtung der Juden in der Mitte der dreißiger Jahre bereits in Europa vollzog. An dem Verhalten und den Reaktionen des Papstes und der Bischöfe wird jedenfalls deutlich, daß sie das große theologische und moralische Desaster in ihren eigenen Reihen und unter den Gläubigen gar nicht wahrnehmen wollten.

Der Krieg als Pflicht vor Gott

Der Überfall-Krieg auf Polen durch das deutsche Militär veränderte gründlich die innen- und außenpolitische Situation Deutschlands. Viele Männer wurden zum Militär einberufen, die Rüstungsindustrie wurde noch mehr auf Hochtouren gebracht und das Zivilleben weiter eingeschränkt. Die Art und Weise dieses »Blitzkrieges« betörte viele. Eine Folge davon war die Festigung des Vertrauens in die politische und militärische Führung durch das deutsche Volk. Ein Abseitsstehen in dieser »Schicksalsstunde des Vaterlandes« war kaum denkbar. Dazu kam die ständige Propaganda: »Führer befiehl, wir folgen Dir!«

Eine für die damalige Zeit treffende Charakterisierung der grundsätzlichen Lehrmeinung und offiziellen Position der Kirche in der Kriegsfrage kam z.B. in der Predigt von Erzbischof Gröber am 31. 12. 1935 zum Ausdruck. Die Kirche, erklärte Gröber, sei trotz aller Bemühungen, der Sache des Friedens zu dienen, nicht gegen jeden Krieg und weise einen doktrinären Pazifismus zurück. »Durch diese religiöse Bindung der katholischen Menschen ans Vaterland und Volk ist die Kirche, wie sich aus ihrer Geschichte ergibt, zu einer staatsschützenden und staatsfördernden Macht geworden.«[47] Und in seinem Buch »Kirche, Vaterland und Vaterlandsliebe« führt er weiter aus, daß die katholischen Theologen es »niemals in den Urteilsbereich des Einzelnen mit allen seinen Kurzsichtigkeiten und Gefühlsstimmungen gelegt (hätten), im Kriegsfalle die Erlaubtheit oder das Unerlaubtsein zu erörtern, sondern die letzte Entscheidung der rechtmäßigen Autorität (zu) überlassen.«[48] Und der Bamberger Erzbischof Kolb stellte fest: Für den Christen genüge das Unrecht, das seinem Vaterland angetan wird, Gehorsam zu leisten, »den er der weltlichen Obrigkeit schuldet, um das Schwert zu zücken und seinem Fahneneid getreu zu kämpfen«.[49] Wichtiger als die

Beantwortung der Frage nach dem »gerechten Krieg« war deshalb für die Kirchenleitung die unkritische Ableistung eines Gehorsams.

Darüber hinaus waren sogar deutlich zustimmende Worte am Beginn des Zweiten Weltkrieges von einer Reihe von Diözesanbischöfen zu vernehmen. Am 3. 9. 1939 schrieb der Hildesheimer Bischof Joseph Godehard Machens: »Geliebte Diözesanen! Ein Krieg ist ausgebrochen, der uns alle, Heimat und Front, Wehrmacht und Zivilbevölkerung vor die gewaltigsten Aufgaben stellt. Darum rufe ich euch auf: Erfüllt eure Pflicht gegen Führer, Volk und Vaterland ... Zugleich ermahne ich euch, erhebt mit mir die Hände zum Vater im Himmel empor und bittet inständig und beharrlich, daß er unser Volk in seinen gnädigen Schutz nehmen, unsere Soldaten, besonders unsere Angehörigen, behüten und segnen und unser geliebtes Vaterland einem glücklichen Frieden entgegenführen möge.«[50] Für den Bischof von Münster, Graf von Galen, begann 1939 die Fortsetzung des Ersten Weltkrieges. Im September 1939 schrieb er: »Der Krieg, der 1919 durch einen erzwungenen Gewaltfrieden äußerlich beendet wurde, ist aufs neue ausgebrochen und hat unser Volk und Vaterland in seinen Bann gezogen.«[51] Und der Freiburger Erzbischof Conrad Gröber verkündete in seinem Hirtenwort mit dem Titel »Arbeite als ein guter Kriegsmann Christi« an die Soldaten im Feld ebenfalls im September 1939: »Zum großen deutschen Volk gehört ihr als seine Wache und seine Wehr. Blut, Sprache, Kultur, naturhafte Liebe und andere Beziehungen tiefsinniger Art verbinden euch mit ihm ... Ihr schenkt mit eurem Soldatentum dem Volk das Wertvollste, das ihr besitzt ... eure Gesundheit, euer Blut und euer Leben. Mehr könnt ihr dem Volk und Vaterland kaum geben. Und ihr leistet diesen alles umfassenden Dienst als Pflicht vor Gott, übernommen durch den Eid!«[52]

Solche eindeutigen Worte des Episkopates, die unmißverständlich eine Unterstützung dieses Krieges zum Ziel hatten, waren dagegen für das katholische Polen alles andere als ein Segen. Daß im Zuge dieses Krieges viele Greueltaten und Verbrechen durch deutsche Truppen und NS-Verbände verübt und hunderte katholische Priester und Ordensleute aus Polen in die KZs verbracht worden waren, berichtete noch im gleichen Monat Radio Vatikan. Das dürfte auch den deutschen Bischöfen kaum entgangen sein. Als deshalb am Ende dieses ersten »Feldzuges« alle Glocken zum Dank für den Sieg über dieses Nachbarvolk läuteten, glichen die Konturen der Kirche völlig einem Zerrbild.

Eine solche Schlußfolgerung ist sicher heute leicht zu ziehen, während sie damals kaum aufkam, weder bei den Moral- und Fundamentaltheologen, noch bei den kirchlichen Entscheidungsträgern oder der breiten Masse der Katholiken. Und das ist (fast) verständlich, wenn man den damaligen Zeitgeist – auch in der Kirche – und den völlig mangelhaften Ausbildungsstand des Gewissens in sozialethischen Fragen in Betracht zieht. Es war eben nicht Aufgabe des einzelnen Christen, wie Erzbischof Gröber es (s.o.) betont hatte, die Erlaubtheit oder Unerlaubtheit eines solchen Krieges zu erörtern oder sich die Entscheidungskompetenz der (staatlichen und kirchlichen) Autoritäten anzumaßen. Somit lag das Verhalten der Bischöfe und der Katholiken am Anfang des Zweiten Weltkrieges nicht nur im politischen Trend der Zeit, sondern auch in Übereinstimmung mit der Lehrmeinung und Praxis der Kirche.

Als makabren Vorgang, parallel zu diesen kirchlichen Positionen und Richtlinien, muß die Anweisung gesehen werden, die der Chef der Sicherheitspolizei, Reinhard Heydrich, drei Tage nach Kriegsbeginn allen Dienststellen gegeben hatte, nämlich daß »gegen jede Person ..., die in ihren Äußerungen am Sieg des deutschen Volkes zweifelt oder das Recht des Krieges in Frage stellt ...« die sofortige Festnahme angeordnet und »gegebenenfalls auf höhere Weisung brutale Liquidierung solcher Elemente« befohlen werde.[53] Mit solchen brutalen Anordnungen zementierte die staatliche Führung den Fortgang des »gerechten Krieges«.

Am 18.2.1940 veröffentlichte das Bistumsblatt der Erzdiözese Breslau einen Artikel, in dem der Krieg als Kampf Deutschlands »für seine Selbsterhaltung (und) für eine gerechte Verteilung des unerläßlichen Lebensraumes« bezeichnet wurde. Deutschland kämpfe einen heiligen Kampf, der nicht geht um die bloße Wiedereroberung und den Wiederbesitz entrissener Gebiete, sondern um das Höchste auf Erden: um ein Leben nach Gottes Geheiß.[54] Hier wird die gesamte Begründung, die das Naziregime für seine Eroberungskriege der Öffentlichkeit präsentiert hatte, in die Kanzelverkündigung und Weiterbildung der katholischen Gläubigen übernommen ... und zwar auf »Gottes Geheiß«!

Nach dem Überfall der Hitler-Armee auf andere europäische Völker im Norden, Südosten und Westen Europas (insbesondere auf Frankreich) verkündete am 25. 1. 1941 der Ermländer Bischof Maximilian Kaller in einem Hirtenwort seinen Gläubigen: »Wir bekennen uns freudig zur deutschen Volksgemeinschaft und fühlen uns mit ihr untrennbar verbunden in guten wie auch in trüben Tagen ... In diesem echt christlichem Geist durchleben wir nun auch mit der Teilnahme unseres ganzen Herzens den großen Kampf unseres Volkes um Sicherung seines Lebens und seiner Geltung in der Welt. Mit Bewunderung schauen wir auf unser Heer, das in heldenhaftem Ringen unter hervorragender Führung beispiellose Erfolge erzielt hat und weiterhin erzielt. Wir danken Gott für seinen Beistand. Gerade als Christen sind wir entschlossen, unsere ganze Kraft einzusetzen, damit der endgültige Sieg unserem Vaterland gesichert werde. Gerade als gläubige, von der Liebe Gottes durchglühte Christen stehen wir treu zu unserem Führer, der mit sicherer Hand die Geschicke unseres Volkes leitet.«[55] Für dieses Hirtenwort erhielt Bischof Kaller von Heydrich ein besonderes Lob!

Aber solche Worte waren für die katholische Bevölkerung keineswegs ungewöhnlich. Auf eine derartige Mentalität und Einstellung war sie schon früh, vor allem in der Jugendarbeit, vorbereitet worden. So waren z.B. die beiden Ausgaben des Liederbuches für die katholische Jugend, »Das Singeschiff«, ganz entscheidende Inspiratoren für das persönliche Leben und für die Gruppenarbeit damals in den Pfarrgemeinden und Jugendverbänden. Im Vorwort der zweiten Auflage schrieb bereits 1934 (!) der Generalpräses der katholischen Jugend, Prälat Ludwig Wolker: »Nun soll ein zweites Singeschiff vom Ufer stoßen und hinausfahren, die deutschen Ströme und Flüsse entlang, in sturmfroher Wikingfahrt, junge Herzen zu erobern. Dieses zweite Singeschiff, das »graue Singeschiff«, trägt ein feldgraues Gewand, ein Soldatengewand. Sinnbildhaft und der Stunde gemäß. Neue kämpferische Zeit ist angebrochen. Neuer kämpferischer Wille ist aufgebrochen in der jungen deutschen Nation. Es geht um Freiheit und Ehre des Vaterlandes, es geht um deutsches Wesen und deutsche Seele!

»Uns rufet die Stunde, uns dränget die Zeit. Zu Wächtern, zu Rittern hat Gott uns geweiht ...«

So laßt uns singen als rechte Soldaten des Vaterlandes und des Gottesreiches! Uns selbst ersingen und singend unseren Brüdern und Schwestern tausendfach erwecken: Freimut und Starkmut und Sturmmut! Mannestreue und Volkstreue und Gottestreue! Du, junge Mannschaft, Heil dir und glückliche Fahrt!«[56]

Dies wurde – wie gesagt – bereits im Jahr 1934 als Inhalt und Ziel kirchlicher Jugendarbeit verkündet.

In den kirchlichen Bekenntnisfeiern fanden viele dieser Lieder Eingang. Man sang von Sankt Michael, der dem deutschen Heere voranzog, von der Treue zur Fahne und von dem Feuer, in das man sich als letzten Scheit werfen sollte. Mächtig und voll enthusiastischem Geist war oft das Schlußlied: »Ein Haus voll Glorie schauet«, dessen 5. – 7. Strophen lauteten: »Dem Sohne steht zur Seite die reinste der Jungfraun; um sie drängt sich zum Streite, die Kriegsschar voll Vertrauen. Viel tausend schon vergossen mit heilger Lust ihr Blut; die Reihn stehn fest geschlossen in hohem Glaubensmut. Auf, eilen liebentzündet auch wir zum heilgen Streit. Der Herr, ders Haus gegründet, uns ewgen Sieg verleiht.« – Ein solches Lied beschwor nicht allein die Verteidigung der Kirche, es war zugleich im damaligen Verständnis eine moralische Aufforderung zum gehorsamen Einsatz für Führer, Volk und Vaterland.

Hans Niermann, Vorbild für viele junge Katholiken und Leiter der Sturmschar (eine Elitegruppe im katholischen Jungmännerverein) schrieb in sein Tagebuch, das er im Frankreichfeldzug führte: »Für mich sind die Wege der Fahrten zu Ende und die große Straße ist offen für den Marschtritt der Infanterie.« [57]

Auch Strömungen innerhalb der bereits erwähnten Katholischen Aktion waren Wegbereiter solchen Denkens und Handelns. In seiner Schrift »Katholische Aktion« von 1929 schrieb Robert Mäder: »... Wird zunächst der Bolschewismus triumphieren oder die Kirche? Der Umsturz oder die Ordnung? Das wird zum großen Teile von der Entwicklung der Katholischen Aktion abhängen. Wir sind eine Armee. Die größte Armee, die es gibt. An der Spitze der Generalfeldmarschall, der Papst. Über 1000 Generäle, die Bischöfe. Über 300 000 Offiziere, die Priester. Auf dem Papier ein Heer von 330 Millionen. Werden wir siegen? Kein Zweifel!« Das Kapitel, in dem solche Sätze zu finden sind, ist überschrieben mit »Der Geist der Katholischen Aktion«.[58]

Diese wenigen Zitate sollen nur darauf hinweisen, daß die Bischofsworte nicht auf eine unvorbereitete Masse fielen, sondern auf eine mental und moralisch präparierte Gefolgschaft für die Politik und den Krieg Hitlers. Als der Kölner Kardinal Schulte nach dem Sieg über das katholische Frankreich eine eigene Erklärung abgab, brachte er sicher zugleich auch die Gedanken und die Haltung seiner Gläubigen zum Ausdruck: »Durch die gewaltigen Siege, die das deutsche Heer unter seiner überlegenen Führung in den letzten Wochen errungen hat, ist nunmehr nach menschlichem Ermessen unsere Heimat endgültig gegen die Gefahr gesichert, einen feindlichen Einbruch mit seinen schrecklichen Folgen über sich ergehen lassen zu müssen. Dafür dankt das deutsche Volk im Einklang mit der Mahnung seines Führers Gott dem Herrn in demütigem Gebet.«[59] Und die erzbischöfliche Kanzlei von Breslau erließ im November 1940 die Order, »sorgfältig alles zu vermeiden, was für die Kriegsverhältnisse Deutschlands abträgig wirken und die mutige, freudige Zuversicht der Soldaten und des Volkes beeinträchtigen oder in diesem Sinne aufgefaßt werden könnte«. Statt dessen solle man auf die übernatürlichen Kraftquellen hinweisen, die geeignet seien, die für den Krieg wichtigen Eigenschaften und Tugenden der Katholiken zu festigen »wie Gottvertrauen, Mut, Tapferkeit, Vaterlandsliebe, Opferbereitschaft, Genügsamkeit daheim und an der Front …« Die gleichen Anweisungen ergingen auch von anderen Diözesen.[60]

Besonders begeisterte Zustimmung zum Regime und dem »Führer« kam 1939 und 1941 aus der Erzdiözese Köln. Einen Tag nach Hitlers Geburtstag (1939) beteuerte der Kölner Kardinal Schulte öffentlich: »Unsere Treue zum Deutschen Reich und seinem Führer haben wir soeben an dessen 50. Geburtstag noch einmal feierlich bekundet. Diese Treue kann durch nichts erschüttert werden. Denn sie beruht auf den unveränderlichen Grundsätzen unseres hl. Glaubens.«[61] Und obwohl die Verbrechen Hitlers und seines Regimes immer offensichtlicher, zahlreicher und brutaler wurden, glaubte die Nachfolgerin der Kölner Kirchenzeitung zwei Jahre später zum Geburtstag Hitlers am 20. 4. 1941 zum Ausdruck bringen zu müssen: »Es gibt nur wenige Männer … und zu diesen großen Männern gehört unstreitig der Mann, der heute seinen 52. Geburtstag feiert – Adolf Hitler. Am heutigen Tag versprechen wir ihm, daß wir alle Kräfte zur Verfügung stellen, damit unser Volk den

Platz in der Welt gewinnt, der ihm gebürt …«[62] Es ist heute schwer zu glauben, daß es sich hier um kluge taktische Schachzüge der Kölner Kirche gehandelt hat, die zu einer Besänftigung der NS-Herrschaft beitragen sollten. Niemand hat die Kirche gezwungen, solche emphatischen Aussprüche zu veröffentlichen. Hier war offensichtlich immer noch der Geist der »nationalen Erhebung« am Werk.

Sicher sollte andererseits auch das offene Wort erwähnt werden, das der Bischof von Münster, Graf von Galen, im August 1941 gegen das Euthanasieprogramm der Nazis ergriffen hatte. Es konnte zwar nicht die grausamen Morde an kranken, behinderten und alten Menschen gänzlich aufhalten, aber es hat dem Regime schon einen spürbaren Dämpfer vermittelt. So gesehen, war das Vorgehen des Bischofs ein nicht zu unterschätzendes gutes Beispiel, auf das jedoch an anderer Stelle noch einmal hingewiesen werden soll.

Kreuzzug gegen die Sowjetunion

Eine neue politische und moralische Dimension wurde sowohl mit dem Krieg gegen die Sowjetunion, der am 22. 6. 1941 begann, als auch mit dem Ergebnis der Wannsee-Konferenz (20. 1. 1942) geschaffen. Nun konnte der große Vernichtungskampf gegen das »bolschewistische Judentum«, das zentrale Ziel nationalsozialistischer Herrschaft in Europa, realisiert werden. Der nun beginnende Holocaust, von dem der Vatikan und die deutschen Bischöfe durchaus Kenntnis hatten, veranlaßte weder die römische noch die deutsche Kirchenleitung zu einem Paradigmenwechsel in der Einstellung und Praxis zum NS-Regime. Allerdings ging zunächst innerhalb der Bischofskonferenz der Veröffentlichung eines gemeinsamen Hirtenbriefes im Frühjahr 1942 ein heftiger Streit voraus, in dessen Mittelpunkt die Infragestellung des bisher praktizierten Harmoniemodells gegenüber dem NS-Regime stand. Auslöser war ein Entwurf, in dem der »Ordensausschuß« (zur Beratung der Bischofskonferenz) ein deutliches Eintreten für die Achtung der Menschenrechte im NS-Staat forderte. Nach längerem Hin und Her kam es aber wieder zur bisherigen Praxis, so daß erneut eine Chance vergeben wurde, die Kirche in eine neue Rolle gegenüber den Machthabern zu bringen. Programmiert wurde dieses Ergebnis durch den Hirtenbrief, den Kardinal Bertram für seine Diözese zwei Wochen vorher schon veröffentlicht hatte und »in dem er ausdrücklich die opferwillige Liebe zum Vaterland und den pflichtgemäßen Gehorsam gegen Staat und staatliche Obrigkeit beschwor«.[63]

Was den Vatikan betraf, so appellierte Papst Pius XII. in der o.a. Weihnachtsbotschaft 1942 an die Gläubigen, das Gemeinschaftsleben zum göttlichen Gesetz zurückzuführen. Der einzige Satz in dieser umfangreichen Botschaft, der auf den stattfindenen Holocaust bezogen werden könnte, lautete: »Dieses Gelöbnis schuldet die Menschheit den Hunderttausenden, die, persönlich schuldlos, bisweilen nur um ihrer Volkszugehörigkeit oder Abstammung willen dem Tode geweiht oder einer fortschreitenden Verelendung preisgegeben sind.«[64]

Schließlich gingen die deutschen Bischöfe in dem gemeinsamen Hirtenbrief vom 12. 9. 1943 auf die immer dramatischer werdende Judenverfolgung lediglich mit den Worten ein: »Tötung ist an sich schlecht, auch wenn sie angeblich im Interesse des Gemeinwohls verübt würde: An schuld- und wehrlosen Geistesschwachen und -kranken, an unheilbar Siechen und tödlich Verletzten, an erblich Belasteten und lebensuntüchtigen Neugeborenen, an unschuldigen Geiseln und entwaffneten Kriegs- und Strafgefangenen, an Menschen fremder Rassen und Abstammung. Auch die Obrigkeit darf nur wirklich todeswürdige Verbrecher mit dem Tode bestrafen.«[65]

Für die NS-Machthaber konnte jedoch keine Irritation aufkommen, wenn sich Papst- und Bischofsworte (selten genug) in einer sehr allgemeinen Weise zu ethischen und moralischen Aspekten einmal äußerten, denn parallel waren stets auch andere Positionen in der Kirche manifest. Keine kirchliche Äußerung konnte jedenfalls für die Nazis als eine Stellungnahme zum stattfindenden Holocaust gewertet werden. Im übrigen galt es, das eigentlich wichtige Ziel weiterzuverfolgen; denn es zeichnete sich bereits ab, daß es jetzt endlich so weit war, den Kampf mit dem »gottlosen Bolschewismus« aufzunehmen und ihn ein für alle Male zu vernichten. Vor allem war der Vatikan nun seinem großen Anliegen, dank der deutschen Truppen, deutlich näher gekommen, und die deutschen Bischöfe sparten nicht mit entsprechend anerkennenden Worten. Viele bezeichneten den Ostfeldzug als »heiligen Krieg für

Heimat und Volk, für Glauben und Kirche, für Christus und sein hochheiliges Kreuz«. Erzbischof Lorenz Jaeger von Paderborn sprach in seinem Fastenhirtenbrief 1942 von den »slawischen Untermenschen« und bezeichnete Rußland als ein Land, dessen Menschen »durch ihre Gottfeindlichkeit und durch ihren Christushaß fast zu Tieren entartet sind«. Bischof Kumpfmüller von Augsburg verglich die bolschewistische Gefahr mit der Türkengefahr in früheren Jahrhunderten und hoffte auf »einen baldigen, endgültigen Sieg über die Feinde unseres Glaubens«. Auf einen deutschen Sieg hoffte auch Bischof von Galen immer wieder. Erzbischof Gröber pries am 15. 3. 1942 die siegreichen deutschen Soldaten, deren Kampf ein Kreuzzug gegen den Bolschewismus sei, mit dem sie Europa vor der roten Flut bewahrten.[66]

Über Zielsetzung und Ausmaß dieses brutalen Krieges waren die Bischöfe durchaus informiert. Vieles, was durch die Ausstellung des Hamburger Instituts für Sozialforschung »Vernichtungskrieg – Verbrechen der Wehrmacht 1941 – 1944« zutage gefördert worden ist, war Tausenden schon damals in erschreckender Deutlichkeit klar. Die Mitglieder der »Weißen Rose« haben in ihren Flugblättern auf diese zahllosen Verbrechen aufmerksam gemacht; aber auch die Militärpfarrer und engagierte Christen werden in vielen Fällen ihren Heimatbischöfen davon berichtet haben. Schließlich gab es noch den Katholischen Feldbischof der Wehrmacht, der seine Bischofskollegen sowie den Papst über die furchtbaren Greueltaten im Krieg gegen die Sowjetunion informieren konnte. Auch hier ergeben sich für die Kirche noch wichtige Anfragen und ein großer Erklärungsbedarf.

In einer besonders verstiegenen Sprache schrieb der Kapitularvikar des vakanten Bischofsstuhls in Köln am Sonntag Septuaginta 1942 an die zum Heeresdienst eingezogenen Priester des Erzbistums: »Es geht zweifellos ein Zug zum Heroischen durch unser Volk. Der bürgerlichen Trägheit vergangener Zeiten ist der Kampf angesagt und stattdessen eine radikale Einsatzbereitschaft proklamiert, die auf eigene Wünsche verzichtet und sich ganz für die Gemeinschaft opfert. Mit ungeteilter Bewunderung wollen wir das Heroische, das in den Besten unseres Volkes aufgebrochen ist, anerkennen und hochschätzen. Wir möchten noch weiter gehen. Wir möchten die heroische Gesinnung als echt christlich bezeichnen und das Christentum als die große Kraftquelle hinstellen, aus der heroischer Geist und heroische Tat immer wieder Antrieb und Nahrung erhalten.«[67]

Selbst als sich das »Glücksrad« des Ostfeldzugs bereits zu drehen begann, versicherte Kardinal Bertram in einem Schreiben an das Ministerium für kirchliche Angelegenheiten am 23. 10. 1943: »Niemand kann in seinem Innern einen unglücklichen Ausgang des Krieges auch nur wünschen. Jeder vernünftige Mensch weiß, daß in diesem Fall die staatliche und die kirchliche Ordnung, überhaupt jede Ordnung, vom russischen Chaos umgeworfen würden.«[68] Und noch deutlicher schrieb der katholische Feldbischof Franz Justus Rarkowski an die Soldaten in der Fastenzeit des Jahres 1944: »Gibt es für uns Menschen von heute eine bessere Schule für den treuen Dienst Gott gegenüber als die gegenwärtige Kriegszeit? Und nirgendwo sind in dieser Kriegszeit die Tore der Schule Gottes weiter aufgetan als draußen an den Kampffronten dieses gigantischen Ringens, wo täglich der deutsche Soldat kämpft und streitet, blutet und stirbt.«[69]

Eine besondere Rolle in der Stabilisierung des Krieges nahm die Militärseelsorge wahr. Über ihren obersten Leiter, Feldbischof Rarkowski, hat Heinrich Missalla eine sehr informative Schrift herausgegeben und dabei festgestellt, daß das Problem, um das es hier gehe, noch nicht einmal heute von der Kirche wirklich erkannt worden sei. Auch wenn Bischof Rarkowski von den übrigen deutschen Bischöfen wegen seiner allzu enthusiastischen Haltung zum NS-Regime wenig akzeptiert wurde, war er doch ein wirkungsvoller Vertreter der Kirche in dem historischen Geschehen. Wirkungsvoll werden auch seine Ausführungen im Fastenhirtenbrief 1942 gewesen sein, wenn er feststellt: »... Eine solche Prüfung ist für unser ganzes Volk und vor allem für euch Soldaten der gegenwärtige Krieg. Ihr werdet diese Prüfung wie bisher so auch weiterhin in Ehren bestehen! Ihr werdet in stolzem Vertrauen auf den Führer und Obersten Befehlshaber der Wehrmacht als seine tapferen Soldaten auf der Straße weitermarschieren, die zum Endsieg führt. Ihr werdet in Glauben und Gottvertrauen in diesen Tagen der Vorbereitung auf kommende größte Entscheidungen das Eurige tun – dann wird Gott zur rechten Stunde das Seine tun.«[70]

Ein solcher Geist war auch im katholischen Militär-Gebets- und -Gesangbuch enthalten, das vom Feldbischof 1940 zusammengestellt worden war. Darin heißt es: »... Wehrpflicht ist Ehrpflicht. Was Deutschland groß gemacht hat, ist nicht zuletzt dem Soldatenstande zu danken. Er ist eine Schule der Tapferkeit, die Geburtsstätte großer Helden, ein Schauplatz der Ehre und des Ruhmes! ...Halte dich an die Parole: »Mit Gott für Führer, Volk und Vaterland!« ... Lasset uns beten! ... Laß uns ein heldenhaftes Geschlecht sein ... Segne besonders unseren Führer und Obersten Befehlshaber der Wehrmacht in allen Aufgaben, die ihm gestellt sind. Laß uns alle unter seiner Führung in der Hingabe an Volk und Vaterland eine heilige Aufgabe sehen ...«[71]

Als es am 9. 11. 1939 zu einem Attentat auf Hitler im Münchener Bürgerbräukeller kam, sah sich Kardinal Faulhaber veranlaßt, bereits einen Tag später zum Dank für die mißglückte Tat in der Münchener Frauenkirche den Hymnus »Großer Gott, wir loben dich« singen zu lassen. Derselbe Kardinal, der in kirchlichen Kreisen sogar zum Widerstand gerechnet wird, bezeichnete nach dem ebenfalls mißglückten Attentat vom 20. Juli 1944 laut Protokoll vor der Gestapo, die ihn einer eventuellen Mitwisserschaft verdächtigte, den Putschversuch als »einen solchen Wahnsinn, der unser Volk in das furchtbarste Chaos gestürzt und den Bolschewismus in der radikalsten Form zum Siege geführt hätte«. Außerdem vergaß er auch nicht zu erwähnen, daß er sich »persönlich die Verehrung zum Führer seit der langen Aussprache vom 4. 11. 1936« bewahrt habe.[72] Mit Ausnahme des Berliner Bischofs Graf Preysing dürften wohl die anderen deutschen und österreichischen Bischöfe hinsichtlich dieses Putsches ähnlich gedacht haben wie Kardinal Faulhaber.

Jedenfalls riefen (wiederum nur mit Ausnahme von Preysing) alle deutschen Bischöfe die Gläubigen bis zur letzten Minute des Krieges zur Erfüllung ihrer Vaterlandspflicht auf. So kommt der amerikanische Soziologe und Historiker Gordon Zahn in seiner Untersuchung dieser kirchlichen Praxis zu dem Ergebnis: Tief verstrickt in den nationalistischen Mythos von Volk und Vaterland und fest entschlossen, unter Beweis zu stellen, daß die Katholiken gute und treue Deutsche sind, »wurden im Zweiten Weltkrieg die führenden Sprecher der katholischen Kirche in Deutschland zu Werkzeugen nationalsozialistischer Kontrolle über ihre Anhänger – sei es durch ihre allgemeinen Aufrufe zu treuem Gehorsam gegenüber der legitimen Obrigkeit, sei es durch ihre noch direkteren Bemühungen, diese Anhänger zu sammeln für die Verteidigung von Volk, Vaterland und Heimat, als einer christlichen Pflicht«.[73]

Unbeantwortete Fragen

Angesichts dieser historischen Fakten und Zitate könnte man sich fragen, ob die Bischöfe mit diesen völlig ungewöhnlichen und für sie äußerst schwierigen politischen Vorgängen einfach überfordert waren. Oder ob ihr unerschütterlicher Glaube an die Achtung der gottgegebenen Obrigkeit (Röm 13) und eine legalistische Denkweise sie daran hinderte, sich gegen das Unrechtssystem zur Wehr zu setzen. Waren sie zu sehr in die Maschen der eigenen Lehre über den »gerechten Krieg« verstrickt, um eine neue kritische (christliche) Position zu finden? Wie stand es außerdem in ihren eigenen Reihen, vor allem in den ersten Jahren der NS-Herrschaft, mit der persönlichen Begeisterung für die große nationale Erhebung? Worauf läßt sich zurückführen, daß sie ihren Standort »mit dem Rücken zum Schicksal der Juden« so hartnäckig bis zum Kriegsende eingenommen haben? War vielleicht das, was hier alles vorher dokumentiert ist, nur taktisches Verhalten der Bischöfe und deshalb letztlich ein »kluges Handeln«, so daß der Fehler eigentlich bei den Gläubigen lag, die ihre Bischöfe nicht richtig verstanden hatten?

Aber auch andere (praktische) Fragen drängen sich im Hinblick auf die angeführten Dokumente auf: Warum haben die Bischöfe (siehe Vorwort) nur die Auflistung eines »heldenhaften« Verhaltens von Priestern und Ordensleuten in der NS-Zeit in den Diözesen vorgenommen und keine Dokumentation der Mängel, des Fehlverhaltens und des offensichtlichen Versagens? Warum gab es keine Spezialuntersuchung über die bischöflichen Verlautbarungen dahingehend, ob sie zu einer Stabilisierung oder Destabilisierung des NS-Regimes beigetragen haben? War für die Bischöfe die Rolle des barmherzigen Samariters vielleicht so selbstverständlich, daß sie nicht wahrnahmen, wie sehr das Vorbeigehen des »Priesters und des Leviten« die eigentlich beklagenswerte Realität damals gewesen ist?

Mit diesen Fragen hat sich die Kirche bis heute nicht offen und vorurteilslos auseinandergesetzt oder versucht, eine authentische Antwort darauf zu finden, weshalb sie diese Rolle einer »gehorsamen Kirche« so konsequent bis zum Ende des NS-Regimes und des Krieges durchgehalten hat.

Und eine weitere Frage bleibt offen, wenn wir bedenken, daß der Vorsitzende der Fuldaer Bischofskonferenz, Kardinal Bertram, sich verpflichtet fühlte, die Priester in seiner Diözese noch Anfang Mai 1945 (!) aufzufordern, »ein feierliches Requiem zu halten im Gedenken an den Führer«[74].

II. Ungehorsame Christen

»Gegen die Ordnung Gottes«

Die im ersten Teil vorgebrachten Zitate und Vorgänge haben keineswegs einen Ausschließlichkeitscharakter. Sie sind vielmehr beispielhaft für eine Vielzahl solcher Positionen, Äußerungen und Ereignisse in der katholischen Kirche. Sie dokumentieren, daß die Leitung der katholischen Kirche, realpolitisch gesehen, die Vorstellungen und Ziele des NS-Regimes nicht nur zugelassen, sondern auch unterstützt hat. Die große Mehrheit der katholischen Gläubigen folgte ihr auf diesem Weg; ein geringer Teil wurde zunehmend skeptisch bis distanziert gegenüber den Machthabern und der nationalsozialistischen Bewegung; und nur ein sehr kleiner Kreis von Christen war bereit, gegen das Gewaltregime aktiv Widerstand zu leisten.

Dennoch ist festzustellen, daß auch die letztgenannte Gruppe immer noch eine sehr positive Haltung zu ihrer Kirche und deren Trägern hatte, ja daß sie ihre Bischöfe und das Papsttum sogar liebte und verehrte. Für sie und alle Gläubigen waren Papst und Bischöfe die Säulen der Kirche auf Erden. Deshalb gab es auch bei ihnen keine Vorstellungen oder Erwartungen an eine andere Ordnung und Struktur der Kirche. Selbst die katholischen Widerstandskämpfer im sogenannten Dritten Reich konnten von einer »heiligen Kirche« als dem fortlebenden Christus reden und darin die Überzeugung ihrer Kirchentreue zum Ausdruck bringen. Das »Apostolische Glaubensbekenntnis« brachten sie nicht nur in einen Bezug zu den Aposteln der frühen Kirche, sondern auch durchaus in eine zeitgeschichtliche Dimension und Verpflichtung zu Papst und Bischöfen. Mit allen gläubigen Katholiken beteten sie mit einer Selbstverständlichkeit in den Gottesdiensten: »... et unam sanctam catholicam et apostolicam ecclesiam«. Und nicht selten vernahm man in der Kirche auch das Wort des Evangelisten Lukas: »Wer euch hört, der hört mich; wer euch ablehnt, der lehnt mich ab; wer aber mich ablehnt, der lehnt den ab, der mich gesandt hat.«[75] Um das

Kirchenverständnis der damaligen Zeit richtig zu erfassen, müssen die »Heiligkeit« der Kirche und das Eins-Sein mit ihr als die wichtigen Grundlagen im Bewußtsein und Glaubensvollzug der katholischen Christen in den Vordergrund gestellt werden. Dieses Leben mit der Kirche hatte einen geradezu sakramentalen Charakter.

Ergänzt wurde diese spirituelle Verbundenheit in und mit der Kirche durch juristische und dogmatische Absicherungen, die die Kirchenleitung seit der zweiten Hälfte des neunzehnten Jahrhunderts vorgenommen hatte: die Verkündung des Unfehlbarkeitsdogmas im Jahr 1870 und die Schaffung des Codex Juris Canonici (CIC) 1917. Mit Hilfe dieser Grundlagen verpflichtete sie auch formal die Gläubigen und die verschiedenen Funktionsträger in der Kirche zu Disziplin und Gehorsam gegenüber Papst und Bischöfen.

Aber auch bezüglich des staatlich-gesellschaftlichen Bereichs waren für die katholischen Christen die innere und äußere Ausrichtung ihres Verhaltens deutlich festgelegt sowie die Grenzen für eigene Entscheidungen sehr eng gezogen. Als Grundlage hierfür galt das Pauluswort im Römerbrief, Kapitel 13,1–2: »Jeder leiste den Trägern der staatlichen Gewalt den schuldigen Gehorsam. Denn es gibt keine staatliche Gewalt, die nicht von Gott stammt; jede ist von Gott eingesetzt. Wer sich daher der staatlichen Gewalt widersetzt, stellt sich gegen die Ordnung Gottes, und wer sich ihm entgegensetzt, wird dem Gericht verfallen.«[76] (In den gebräuchlichen Ausgaben des Neuen Testamentes der dreißiger Jahre wurde nicht nur ein Gericht als Strafe für den Ungehorsam angekündigt, vielmehr drohte dem Übeltäter die ewige Verdammnis!) Und wenige Zeilen weiter heißt es im Kontext dieser Thematik: »Deshalb ist es notwendig, Gehorsam zu leisten, nicht allein aus Furcht vor der Strafe, sondern vor allem um des Gewissens willen.« Hier werden Gehorsam und Gewissen in einen unmittelbaren und immanenten Bezug gebracht.

Auch wenn dieses Pauluswort in der katholischen Kirche einen anderen Rang und einen anderen Hintergrund hatte als in der evangelischen Kirche, war sein Verpflichtungscharakter dennoch bei den katholischen Gläubigen tief verwurzelt und außer Frage. Es hatte deshalb in den üblichen Katechismusfragen einen hohen Stellenwert.

Dazu kam, worauf im ersten Teil schon hingewiesen worden ist, die klare Feststellung seitens der Hierarchen und Regierenden, daß es den Laien und dem gemeinen Volk stets und überall an Kompetenzen fehlen würde, um sich ein eigenes sachgerechtes Urteil über wichtigste Vorgänge und Vorhaben in Staat und Kirche überhaupt anmaßen zu können. Die logische Konsequenz hierzu war die Lehre vom »irrigen Gewissen«, das stets bei Abweichungen von der verordneten Linie in Staat und Kirche den Gläubigen und Bürgern unterstellt wurde. Deshalb waren die Anerkennung der Souveränität und »Heiligkeit« des eigenen Gewissens und eine entsprechende Gewissensbildung kaum Gegenstand theologisch-pastoraler Ausrichtung und Praxis.

Vom Standpunkt der Lehre über die Kirche als eine wesenhaft »übernatürliche Wirklichkeit«[77] her waren die Päpste und Bischöfe als Nachfolger der Apostel nicht nur Verkünder der ewigen Heilsbotschaft, sondern auch Wegweiser des Christen in den Niederungen des politischen, gesellschaftlichen und kulturellen Lebens. Die bereits vorher zitierte Lehrmeinung des Freiburger Erzbischofs Gröber über die Unzuständigkeit der Laien in den »letzten Entscheidungen« (z.B. über die Rechtmäßigkeit eines Krieges), die nur den Autoritäten vorbehalten sein dürften, macht deutlich, wie schwierig die Lage derjenigen Katholiken war, die sich zu einem aktiven Widerstand gegen das NS-Regime mit dem Ziel eines Umsturzes entschlossen hatten. Die Schwierigkeiten betrafen sowohl die Barrieren, die bezüglich der staatlichen Obrigkeit als auch gegenüber der Kirchenleitung überwunden werden mußten. Das war keine leichte oder selbstverständliche Angelegenheit. Sogar die katholische Soziallehre hatte die Hürden für einen persönlichen Handlungsspielraum so hoch gesteckt, daß der Einstieg in eine Widerstandstätigkeit außerordentlich schwierig war. So betonte die renommierte Internationale soziale Studienvereinigung im »Sozialen Katechismus« (1934), daß alle einzelnen verpflichtet seien, »die bestehenden Regierungen hinzunehmen und von allen Versuchen abzustehen, sie auf ungesetzlichem Wege zu stürzen oder ihre Form zu ändern. Den Einzelpersonen das Recht eines gewalttätigen Widerstandes zuzugestehen, sei es gegen die Regierungsform oder gegen die Regierungspersonen, würde darauf hinauskommen, Unordnung und Umsturz in der bürgerlichen Gesellschaft zum Dauerzustand zu machen.« Dann erst kommt die einzige Ausnahme von dieser Regel: »Nur eine unerträgliche Tyrannei oder die offenkundige Verletzung der klarsten staatsbürgerlichen Grundrechte geben nach dem Scheitern aller anderen Versuche zur Abhilfe dem Widerstandsrechte Raum.«[78] Solche grundlegenden Gedanken sind in ihrer Abstraktion kein konkreter Leitfaden für den Weg in den Widerstand, der im übrigen nicht nur »über den Kopf« ging. Hier wurde eine sehr persönliche Gewissensentscheidung eingefordert, die die gesamte Existenz menschlichen Daseins umfaßte. Wie schwierig das war, läßt sich an vielen Beispielen aus den verschiedensten Widerstandskreisen deutlich machen. Ganz besonders traf dies auf die Antwort auf die Frage nach einer Berechtigung des Tyrannenmordes zu. Diese Antwort mußte nicht nur grundsätzlich, sondern auch hinsichtlich des Wie und Wann sehr konkret gegeben oder verantwortlich mitgetragen werden. Sie fiel in den verschiedenen Widerstandskreisen und selbst unter den Christen keineswegs einheitlich aus, was z.B. an den Auseinandersetzungen im Kreisauer Kreis festgestellt werden kann.

In vielen Publikationen wird heute oft auf die Gewissensentscheidung der christlichen Widerstandskämpfer gegen das NS-Regime verwiesen, als ob es eine Selbstverständlichkeit gewesen wäre, das »christliche« Gewissen in dieser außerordentlichen Situation bei sich zu entdecken, dessen Optionen zu verstehen und ihm schließlich auch zu folgen. Daß es sich auch hier um einen mühsamen Lernvorgang handelte, der in der pastoralen Praxis nur eine geringe Achtung und Begleitung fand, wird dabei übersehen. Wichtig in der Bildung und Ausbildung der Christen waren einzig die »ewigen Wahrheiten«, die in der biblischen Offenbarung und in den kirchlichen Weisungen nur zu deutlich vorgegeben waren. Der Raum für eine eigene und freie Gewissensentscheidung war sehr eng, und ihr Vollzug brachte nicht selten Diskriminierungen und Einsamkeit hervor. Zwar gab es in der Seelsorge den Begriff und das Faktum der »Gewissensbisse«, aber diese waren in aller Regel beschränkt auf die üblichen Punkte im Beichtspiegel: Unterlassungen in der Frömmigkeit und Liebe, Vergehen bezüglich der Maßlosigkeit und Keuschheit. Fragen und Aufgaben, die die Mitverantwortung des Christen für Welt und Gesellschaft betrafen, standen nur in einem sehr geringen Umfang zu einer wirklichen Gewissensentscheidung an.

So waren die meisten Christen, als sich das NS-Regime immer deutlicher in eine menschenverachtende Tyrannei verwandelte, offensichtlich kaum in der Lage, den Ruf des eigenen Gewissens zu vernehmen, geschweige ihm zu folgen. Was sie nach wie vor erwarteten, waren die »Weisungen« ihres Bischofs, die für sie in den theologischen und ethischen Fragen Richtschnur ihres Denkens und Handelns waren. Wenn deshalb in den oben genannten Publikationen oft von dem im christlichen Gewissen verankerten Bekennermut der Widerstandskämpfer die Rede ist, muß gleichzeitig festgestellt werden, daß es sich damit um verhältnismäßig wenige Ausnahmen handelte, die – zum Zeitpunkt ihres Vollzugs – im Gegensatz zu den Ratschlägen und Weisungen der Kirchenleitungen standen.

Diese »Weisungen« sind im ersten Teil dieses Beitrags anhand vieler Beispiele bereits deutlich hervorgehoben worden. Daß sie kein bloßes deklamatorisches Taktieren der Bischöfe waren, geht aus bestimmten Sanktionen hervor, die die Bischöfe bei Nichteinhaltung ergriffen. So hatte sich u.a. die Kölner Pfarrgeistlichkeit unter Federführung des mutigen Stadtdechanten Löbbel in einer eigenen Kanzelverkündigung unmißverständlich und engagiert gegen die angeblichen Devisenvergehen von Ordensangehörigen gewandt und dabei auf die üble Rede des NS-Staatsrates Wilhelm Börger am 29. 5. 1935 in Köln reagiert. Nach dem Protest Börgers beim Kölner Kardinal Schulte kam vom Generalvikariat umgehend die Verfügung an die gesamte Pfarrgeistlichkeit, zukünftig »alle für mehrere Kölner Pfarreien bestimmten, gleichlautenden Kanzelverkündigungen, die die Abwehr von Angriffen gegen die Kirche … zum Gegenstand haben«, vor Verlesung dem Generalvikariat einzureichen und dort die Zustimmung der bischöflichen Behörde einzuholen. Das Ergebnis dieser Maßnahme war: In Zukunft fanden keine solchen Schritte seitens der Pfarrer in Köln mehr statt. »Es lag auf der Hand, daß damit eine Initiative gelähmt wurde, die gerade aus der Spontaneität und dem solidarischen Verantwortungsgefühl des Kölner Klerus heraus ihr moralisches Gewicht bezogen hatte.«[79] Ähnliche Vorgänge dürften in anderen Diözesen kaum anders durch die Kirchenleitungen behandelt worden sein.

Ein anderes Beispiel: Als sich der Priester Max Josef Metzger in einer Friedensinitiative an einen schwedischen Bischof wandte, dabei von einem Spitzel verraten und von der Gestapo verhaftet wurde, wandte sich der Freiburger Erzbischof Conrad Gröber am 12. 11. 1943 auf einer Dekanatskonferenz mit folgenden Worten an seine geistlichen Mitbrüder: »Zu meinem großen Bedauern sehe ich mich veranlaßt, meinem hochwürdigen Klerus mitzuteilen, daß einer unserer Diözesanpriester, der allerdings schon seit Jahrzehnten in der Diözese nicht mehr tätig war, eines politischen Verbrechens wegen zum Tode verurteilt worden ist. Dieser überaus traurige Fall soll uns eindringlich lehren, daß wir alles und jedes, was dem Vaterland in seiner schweren Zeit und damit auch uns selber irgendwie schaden könnte, peinlichst unterlassen ...«[80] Diese Reaktion macht klar, daß der Erzbischof die aus dem Gewissen heraus vollzogene Tat von Max Josef Metzger als ein ausschließlich politisches Verbrechen (im Sinne der Gestapo) bezeichnet, das dem Vaterland zum Schaden gereiche. Der Erzbischof unterstreicht noch einmal ganz klar, daß solche und ähnliche Aktivitäten strikt zu unterlassen seien.

Bereits einen Monat vorher, am 16. 10. 1943, hatte Erzbischof Gröber nach der Verhaftung von Metzger an den Präsidenten des Volksgerichtshofes, Roland Freisler, geschrieben: »Ich bedaure aufs allertiefste das Verbrechen, dessen er sich schuldig gemacht hat. Wenn ich ihn in meinem an Herrn Rechtsanwalt Dr. Dix gerichteten Schreiben als Idealisten geschildert habe, so geschah es, ohne daß ich irgend eine Kenntnis des von ihm verbrecherisch Unternommenen hatte. Ich lege Wert darauf, Ihnen das mitzuteilen, weil es mir völlig fern liegt, seine Tat in das Gebiet des Idealismus, wie ich ihn geschildert hatte, einzubeziehen.«[81]

Bei einer solchen Sicht hatte kein Widerstandskämpfer die Chance, vom eigenen Bischof verstanden, geschweige zu einer eigenen Gewissensentscheidung und zu einem Widerstehen im Glauben ermuntert zu werden. Das Gegenteil war der Fall! Dieser Vorgang sowie eine Reihe weiterer[82] machen noch einmal deutlich, worauf vorher schon hingewiesen worden ist: Die Rettung der kirchlichen Institution war den Bischöfen wichtiger als das Bekenntnis und Zeugnis der Christen.

Leben und Handeln im Widerstand

Das Kölner Erzbistum hat im Dezember 1998 eine kleine Schrift herausgegeben, in der 31 »Lebenszeugnisse des Widerstands« aus der Zeit der nationalsozialistischen Herrschaft herausgestellt werden. Das Buch soll so etwas wie ein Katalog für die künftige Ausstellung sein, in der die Widerstandszeugnisse aus dem Kölner Diözesanbereich gewürdigt werden sollen. Ziel weiterer Schritte ist die Erstellung eines zweibändigen Werks, in dem alle auffindbaren »Glaubenszeugnisse« in Deutschland dargelegt werden.[83]

Auf dem Buchumschlag werden die in der Schrift aufgeführten Personen pauschal als »Martyrer des Erzbistums Köln aus der Zeit des Nationalsozialismus« bezeichnet. Die kurz gehaltenen Beschreibungen der einzelnen »Lebenszeugnisse« sind von sehr unterschiedlicher Art und Bedeutung. Einige sind aufgeführt, die seit der Machtübertragung an Hitler einen aktiven, risikoreichen politischen Widerstand bis hin zur Mitwirkung beim Umsturzversuch am 20. Juli 1944 geleistet haben; andere sind wegen eines ziemlich banalen Grundes (z.B. Text eines Spottlieds auf die Partei in der Tasche) verhaftet und hingerichtet worden. Schließlich wird auch die Schwester von Edith Stein, Rosa, aufgeführt, die wegen ihrer jüdischen Herkunft in die Vernichtungsmaschine der Nazis geraten war. Bei aller Anerkennung der verschiedenen Opfer nationalsozialistischer Gewaltherrschaft wird doch der Widerstandsbegriff hier sehr strapaziert.

Im Vorwort von Kardinal Meisner sowie in der nachfolgenden kurzen Analyse der »Lebenszeugnisse« findet eine Würdigung der politischen Dimension von Widerstand gegen das NS-Regime kaum statt; dagegen wird ein mystisch überhöhtes Martyrerbild in einer der Kirchensprache eigenen Weise besonders hervorgehoben. Da ist die Rede von einer »furchtlosen Zeugenschaft«, von einem Tod, der »nicht Niederlage, nicht Verlust, sondern Gewinn« sei. Da wird in einer bemerkenswerten Fehleinschätzung der kirchlichen Realität erklärt: »Wenn es auch wenigen gegeben wird, so müssen doch alle bereit sein, Christus vor den Menschen zu bekennen und ihm in den Verfolgungen, die der Kirche nie fehlen, auf dem Weg des Kreuzes zu folgen.« Ferner: »Der Martyrer … legt Zeugnis ab für die Wahrheit des Glaubens und die christliche Glaubenslehre.« Und noch einmal wird an anderer Stelle betont, daß »sich diese Bekenner furchtlos genug (zeigten), um der Ideologie des Nationalsozialismus zu trotzen ...«

Mit einer solchen Heroen-Spache und mit dem ganzen Unterton eines kirchlichen Triumphalismus wird man sich kaum der damaligen Wirklichkeit nähern können, in der diese 31 Menschen gelebt haben und gestorben sind. Diese Sprache ist dazu angetan, die eigene kritische Hinterfragung (z.B. auch hinsichtlich der Rolle und Praxis der Kirche in der NS-Zeit) zu verhindern und sich statt dessen mit den Opfern zu schmücken. Deshalb kann Kardinal Meisner im Vorwort mit einer Selbstverständlichkeit erklären: »Selten hatten Christen so viele und große Bewährungsproben zu bestehen, und sie haben sie tatsächlich bestanden.«[84] Bleibt für uns die Frage, die sich der Kardinal vorsichtshalber nicht gestellt hat: Und wie hat die Kirche (vor allem Päpste und Bischöfe) diese große Bewährungsprobe bestanden?

Bevor auf diese Frage weiter eingegangen wird, soll vor allem auf ein anderes Dokument hingewiesen werden, das von der Deutschen Bischofskonferenz am 24. 4. 1995 herausgegeben worden ist. Es handelt sich um das »Wort der deutschen Bischöfe zum Gedenken an das Ende des Zweiten Weltkrieges vor 50 Jahren«. Es ermahnt zu Beginn zu einer sehr differenzierten Sicht im Umgang mit der damaligen Zeit und zu einer Zurückhaltung in der Frage nach Schuld und Verantwortung. Es zitiert mit einem gewissen Stolz erneut das Hirtenschreiben vom 23. 8. 1945, das bereits zu Beginn des Vorwortes erwähnt wurde, mit dem bekannten Satz: »Wir freuen uns, daß so viele unseres Glaubens nie und nimmer ihr Knie vor Baal gebeugt haben.« Zwar wird anschließend auch vom Versagen in diesem Hirtenschreiben gesprochen, aber eben nur von dem einzelner Christen; der Kirche selbst konnte – nach Meinung der damaligen Oberhirten – ein solcher Vorwurf nicht gemacht werden.

In diesem neuen Bischofswort (von 1995) bleiben auch die heutigen Bischöfe mit markanten Worten bei dieser Position: »Wenn wir von heute aus auf das Verhalten der katholischen Gläubigen und der kirchlichen Verantwortlichen zurückblicken, stellen auch wir fest, daß zwischen dem nationalsozialistischen Unrechtssystem und der katholischen Kirche eine tiefe Kluft und eine wechselseitige Ablehnung bestanden. Sie manifestierten sich auf vielfältige Weise und wurden zum

Ursprung zahlloser Konflikte, in denen viele katholische Frauen und Männer, Laien, Priester und Ordensleute ihren Mut und ihre Opferbereitschaft – bis hin zum Martyrium – bewiesen.«[85]

Bei der Konkretisierung dieses »Martyriums« werden dann von den Bischöfen sogar Namen genannt: Acht Christen werden angeführt, die im Zusammenhang mit dem 20. Juli 1944 eine Rolle spielen, drei von ihnen als künftige Minister in einer neuen Regierung nach dem Sturz des Regimes. Ferner werden ein Mitglied der »Weißen Rose« (Graf) und zwei Priester (Lichtenberg, Leisner) genannt. Nachfolgend wird noch an Edith Stein und die Bischöfe von Galen und Sproll erinnert. Schließlich werden diese namentlich genannten Personen in den Kontext der eingangs erwähnten »zwölftausend katholischen Priester« gestellt und damit das Bild eines breiten Widerstandes der Kirche gegen das NS-Regime gezeichnet. Vor allem wird der Eindruck vermittelt, als ob die hier genannten Personen ihren Widerstand gegen das Unrechtssystem in Übereinstimmung mit der Kirchenleitung und aus einer Nähe zu den Bischöfen vollzogen hätten.

Um das näher zu kennzeichnen, sollen hier zunächst die Lebensbilder der acht Männer, die wegen Mitbeteiligung am Umsturzversuch des 20. Juli 1944 verhaftet und hingerichtet worden sind, in wenigen Sätzen skizziert werden:

Eugen Bolz, der als Innen- oder Kultusminister in einem Kabinett Goerdeler vorgesehen war, war bereits 1919 Minister in Württemberg. Seit 1928 war er dort sogar Staatspräsident. Als Mitglied des Reichstags war ihm die Ebene der Reichspolitik nicht unbekannt. Schon 1933 kam er für einen Monat in die sogenannte Schutzhaft der Geheimen Staatspolizei. Zusammen mit Reinhold Frank, Josef Ersing u.a. arbeitete er im süddeutschen Raum in Widerstandsgruppen mit. Am 12. 8. 1944 wurde er verhaftet und – wie die meisten Beteiligten am Umsturzversuch gegen Hitler – in der Polizeikaserne Drögen (bei Ravensbrück) verhört. Obwohl er das Attentat Stauffenbergs nicht befürwortete, stand er zu seiner konspirativen Tätigkeit gegen die NS-Macht. Der Volksgerichtshof verurteilte ihn zum Tode. Am 23. 1. 1945 wurde er – zusammen mit Nikolaus Groß und Reinhold Frank – in Berlin-Plötzensee ermordet.

Pater Alfred Delp gehörte dem Jesuitenorden an. Zusammen mit P. König und P. Rösch arbeitete er engagiert im Kreisauer Kreis mit, der nach dem Landgut von Graf Helmuth James von Moltke in Schlesien so benannt wurde. Das Engagement der »Kreisauer« in ihrer Widerstandsarbeit war zum einen in der Kriegspolitik Hitlers sowie in den antisemitischen Terrormaßnahmen gegen die Juden begründet. Alfred Delp hatte enge Verbindungen zur Widerstandsgruppe der KAB in Köln, zum Goerdeler-Kreis und zu Graf Stauffenberg. Nach anfänglichem Zögern tendierte er im Jahr 1944 immer mehr zum moralischen Recht des Tyrannenmordes. Die meisten Kreisauer, so auch P. Delp, waren eng in die Vorbereitungen zum 20. Juli 1944 einbezogen. Nach seiner Verhaftung wurde er wegen Hoch- und Landesverrat zum Tode verurteilt und am 2. 2. 1945 ebenfalls in Plötzensee hingerichtet.

Dr. Reinhold Frank, Rechtsanwalt, hatte wichtige Verbindungen zu Gleichgesinnten im Elsaß, so daß er als Verbindungsmann für die Berliner Widerstandsgruppen häufig dort tätig war. Aus einem Briefdokument geht die Bedeutung seiner Mitarbeit besonders hervor: »Wir sprachen die Gesamtlage durch, Goerdeler gab uns die nötige Aufklärung über den Stand des Komplotts … über die vorgesehene Regierungserklärung …«[86] Nach einem gelungenen politischen Umsturz wäre Reinhold Frank als politischer Beauftragter für Stuttgart (das war die höchste Funktion in einer Region) vorgesehen gewesen. Auch er wurde vom Volksgerichtshof wegen Landesverrat und Beteiligung an der Umsturzplanung zum Tode verurteilt. Sein Leben wurde am 23. 1. 1945 in Plötzensee gewaltsam beendet.

Nikolaus Groß war vom Bergmann über die Funktion eines Gewerkschaftssekretärs in die Position des Hauptschriftleiters der Verbandszeitung der KAB aufgestiegen. Zusammen mit dem Verbandspräses der KAB, Dr. Otto Müller, und dem Verbandssekretär Bernhard Letterhaus ging er schon lange vor der Machtergreifung Hitlers in Opposition zur NSDAP. Auf die Kundgebung der deutschen Bischöfe vom 28. 3. 1933 (mit der weitgehenden Billigung des Nationalsozialismus) reagierte Nikolaus Groß in den verbandsinternen Publikationen »unverkennbar negativ«[87]. Er forderte deshalb eine Erklärung, an der sich die Mitglieder aufrichten könnten. »Die Entschlossenheit, mit der Müller, Groß und Letterhaus den bisherigen Kurs gegenüber der NSDAP zunächst fortzusetzen versuchten, war – abgesehen von seinen realen Möglichkeiten – mit der Haltung der Bischöfe kaum zu vereinbaren.«[88] Für die spätere Widerstandsbewegung übernahm Groß öfters Kurierdienste. Vor allem aber war die Widerstandstätigkeit, die er mit einer Reihe ehemaliger Zentrumsleute, Gewerkschafter und KAB-Sekretäre aufgenommen hatte, auf die Klärung wichtiger inhaltlicher Fragen für den »Tag X« gerichtet sowie auf die Mithilfe bei personellen Entscheidungen. In den Bormann-Akten heißt es, Groß sei »genau über Einzelheiten des Goerdeler-Verrates« unterrichtet gewesen. Auch er wurde (wie Bolz) am 12. 8. 1944 verhaftet, in Drögen verhört und schwer gefoltert und am 23. 1. 1945 in Plötzensee hingerichtet. Seine Briefe aus dem Gefängnis, die an seine Frau und die sieben Kinder gerichtet sind, liegen inzwischen gedruckt vor.[89]

Gottfried Könzgen, Arbeitersekretär in Duisburg, wird ebenfalls im Bischofswort von 1995 genannt. Er galt als »einer der führenden Arbeitersekretäre des westdeutschen Verbandes«[90]. Schon im März 1935 wurde er wegen staatsfeindlicher Äußerungen in Gestapohaft genommen und nach dreieinhalb Monaten aus gesundheitlichen Gründen entlassen. Könzgen hatte eine enge und vertrauensvolle Verbindung mit den Männern an der Spitze des Verbandes. Mit ihnen bereitete er die Grundlagen für einen Umsturz des Regimes vor. Nach seiner erneuten Verhaftung am 30. 8. 1944 soll er sich mit deutlichen Worten gegen das NS-Regime geäußert haben, so daß Weihbischof Wienken (Berlin) überzeugt war, daß »alle weiteren Schritte zur Freilassung Könzgens nutzlos seien«.[91] Vom KZ Sachsenhausen kam er später in das KZ Mauthausen, wo er am 15. 3. 1945 unter nicht geklärten Umständen starb.

Bernhard Letterhaus war nicht nur im Kabinett Goerdeler als Wiederaufbauminister, sondern auch für den Bezirk Münster als politischer Beauftragter vorgesehen. In der Widerstandsbewegung nahm er eine herausragende Rolle ein. Allgemein galt er als ein intelligenter, zuverlässiger und dynamischer Arbeiterführer und Politiker, der bereits in seiner parlamentarischen Arbeit in der Weimarer Zeit auf sich aufmerksam gemacht hatte. Eine persönliche Freundschaft verband ihn nicht nur mit dem Verbandspräses Otto Müller und mit Nikolaus Groß, sondern auch mit dem ehemaligen Reichskanzler Heinrich Brüning. Er war gegen das Ermächtigungsgesetz wie auch gegen das Reichskonkordat. Nachdem die Zwangsmaßnahmen gegen die katholischen Verbände immer stärker wurden, vertrat er im Kreis seiner Freunde die Meinung, daß die Bischöfe aus Protest in vollem Ornat in die Wilhelmstraße (Reichskanzlei) ziehen und mit ihren Bischofsstäben an die Türen klopfen sollten.[92] Bei einer Audienz im Vatikan (1934) brachte er u.a. auch Kritik an der Haltung der deutschen Bischöfe vor.[93] Gegen seine eigentliche Überzeugung folgte er dem Einberufungsbefehl im August 1939. Später erhielt er als Hauptmann in der Abwehrzentrale von Admiral Canaris Zugang zu besonders geheimen Informationen, die er an verschiedene Widerstandsgruppen weiterleiten konnte. Jeglichen Rat zur Flucht Mitte 1944 lehnte der hochgefährdete Widerstandskämpfer ab, weil er nicht nur um die Folgen für seine Familie fürchtete, sondern auch die politische Verantwortung für den Umsturz des Gewaltregimes weiter mittragen wollte. Kurz nach dem 20. Juli 1944 wurde er verhaftet und am 14. 11. 1944 in Plötzensee – zusammen mit den zwei Glaubensfreunden Ferdinand von Lüninck und Walter Kramer – hingerichtet.

Dr. Otto Müller war schon als Jungpriester ein weitsichtiger und engagierter Vorkämpfer für die katholische Soziallehre. Als promovierter Staatswissenschaftler wurde er zunächst Mitarbeiter beim Volksverein für das katholische Deutschland und nachfolgend Generalsekretär der katholischen Arbeitervereine. Drei Jahrzehnte war er Diözesanpräses der KAB in der Erzdiözese Köln, anschließend Verbandspräses für den Westdeutschen Verband. Zusammen mit dem Vorsitzenden Josef Joos (der bereits 1940 ins KZ Dachau kam) sowie mit Letterhaus und Groß hatte der politisch stets interessierte und engagierte Prälat enge Kontakte mit anderen Widerstandsgruppen. Goerdeler, P. Delp, Jakob Kaiser u.a. waren mehrmals seine Hausgäste bei den gemeinsamen Beratungen um die Neuordnung Deutschlands und eine menschenwürdige Zukunft. Wie kaum ein anderer wartete er »auf das endliche Handeln gegen Hitler«, auf das geplante Attentat.[94] Auch Otto Müller verwarf die Ratschläge zur Flucht ins Ausland. Als er Ende August 1944 von der Gestapo verhaftet wurde, war er durch ein langes Augenleiden bereits fast erblindet. Prälat Müller starb im Alter von siebzig Jahren am 12. 10. 1944 im Polizeikrankenhaus in Berlin.

Josef Wirmer, Rechtsanwalt in Berlin, stand auf der Liste Goerdelers als künftiger Justizminister und auf der Liste der Gestapo als einer der Hauptbeteiligten des Widerstandes. Allerdings hatte er bestimmte Züge in der Außenpolitik Hitlers (wie auch Goerdeler, Letterhaus und Leuschner) ganz zu Anfang sogar für gut geheißen. Wegen Vertretung jüdischer Mandanten vor Gericht wurde er aus dem NS-Rechtswahrerbund ausgeschlossen. Schon Mitte der dreißiger Jahre arbeitete er mit ehemaligen Gewerkschaftsführern an einer Denkschrift zur Gründung einer einheitlichen Gewerkschaftsbewegung nach der NS-Zeit mit. In der Bewertung des Volksgerichtshofes wird die Mitarbeit Wirmers in der Widerstandsbewegung wie folgt festgehalten: »Wirmer fand sich 1942 mit Goerdeler auf dem Boden der gemeinsamen Feindschaft gegen den Führer und das nationalsozialistische Deutschland. Er hat in mehrfachen Vorbesprechungen mit Stauffenberg die »Ministerliste« zusammengestellt ... Er gibt zu, daß er es war, der Goerdeler immer wieder gedrängt habe, die »Aktion« doch möglichst zu beschleunigen, woraufhin Goerdeler seinerseits wieder Stauffenberg drängte, den Mord an dem Führer so schnell wie möglich zu vollziehen.«[95] Anfang August 1944 wurde er verhaftet und bereits am 8. 9. 1944 von Roland Freisler, dem Vorsitzenden des Volksgerichtshofes, zum Tode verurteilt. Das Urteil wurde noch am gleichen Tag vollstreckt.

Wer diese Kurzbiographien der hier genannten Männer verfolgt, die fast die gesamte NS-Zeit über im Widerstand aktiv waren und im Zusammenhang mit dem Umsturzversuch am 20. Juli 1944 verhaftet und ermordet worden sind, wird feststellen, wie schwer sie sich in das Interessengeflecht der Kirche damals einordnen lassen. Zwar steht außer Frage, daß sich alle aus einer hohen christlich-moralischen Motivation heraus in diesen Widerstand begeben und ihn auch in diesem Geist mit allen Risiken und Konsequenzen bis zum bitteren Ende durchgestanden haben. Alle waren katholische Christen, für die das Handeln aus dem Glauben geradezu selbstverständlich war. Aber mit ihren »hochverräterischen« Bestrebungen und Zielen standen sie dennoch nicht nur im Gegensatz zu den Intentionen der Bischöfe, sondern auch zu denen der meisten Katholiken. Wie wenig die Bilder des Widerstandes mit denen der Kirchenleitung übereinstimmten, geht aus dem ersten Teil dieser Schrift bereits deutlich hervor. Gewiß ist es nicht eine ureigene und unmittelbare Aufgabe der Kirche, politischen Widerstand gegen ein Unrechtssystem zu leisten oder gar federführend auf einen Umsturz desselben hinzuwirken.[96] Aber das ist nicht der Kernpunkt einer kritischen Betrachtung der Rolle der Kirche in der NS-Zeit. Vielmehr geht es um die Frage, weshalb die Kirchenleitung damals alles unternommen hat, katholische Männer und Frauen davon abzuhalten, sich einer solchen Aufgabe zu stellen und ihrem Gewissen zu folgen. Die Verpflichtung auf einen unbedingten Gehorsam der staatlichen Obrigkeit gegenüber wurde – wie vorher dokumentiert – als eine eindeutige Gewissensfrage von den Bischöfen bis Kriegsende allen Katholiken auferlegt. Die Distanz, die damit für die Widerstandskämpfer zu ihren Bischöfen entstehen mußte, war nicht nur ein praktisches Ergebnis des Verhaltens der Kirchenleitung, sondern auch ein Ergebnis grundsätzlich theologisch-moralischer Positionen in der Kirche, wie sie die Bischöfe vertraten.

Bei dieser so qualifizierten Distanz war es eigentlich dann auch folgerichtig, daß sich die Bischöfe in keinem Fall für die Hafterleichterung oder gar Freilassung der hier namentlich genannten Widerstandskämpfer einsetzten. Im Gegenteil: Am Beispiel des Schicksals von Nikolaus Groß wird deutlich, wie konsequent die Bischöfe die Distanz zu einem solchen politischen Gefangenen aufrecht hielten. In den fünf Monaten seiner Haft gab es nicht ein einziges Zeichen von einem Bischof oder Generalvikar, das ihn in seiner Zelle erreicht hätte, obwohl ein Segensgruß oder ein kleines Zeichen der persönlichen Anteilnahme kein Staatsverbrechen für einen Bischof bedeutet hätte; schließlich erreichten ihn auch die vielen Briefe seiner Familie und einige wenige Grüße von Freunden. Aber auch Elisabeth Groß, Mutter von sieben Kindern, erhielt in dieser schweren Zeit von keinem Bischof ein Zeichen christlicher Verbundenheit. Der heute vielzitierte »Glaubensmut« von Nikolaus Groß, das ebenfalls vielzitierte »Blutzeugnis« sowie seine vom allgemeinen Trend in der Kirche abweichende »Gewissensentscheidung« fanden zur damaligen Zeit weder das Verständnis noch die Zustimmung der Bischöfe. – Und das traf auf alle hier genannten acht Widerstandskämpfer, aber auch auf eine Reihe anderer, zu.

Mit diesem Widerstand hatte somit die Kirche in Deutschland nichts zu tun. Die Kontakte, die einzelne immer noch zu Bischöfen hatten (z.B.

zu Faulhaber, von Preysing oder Dietz), lassen auf jeden Fall unterschiedliche Deutungen zu; vieles, was bei den wenigen Begegnungen gesagt oder vielleicht auch vereinbart worden ist, bleibt im Dunkeln oder im Bereich der Spekulation. Es reicht auf keinen Fall aus, um hier von einem »Widerstand der Kirche« zu sprechen.

Obwohl der bekannteste Widerstandskreis aus der jüngeren Generation, die »Weiße Rose«, ebenfalls – wie die vorgenannten acht Personen – aus einer christlichen Spiritualität heraus gegen das nationalsozialistische Unrechtssystem Widerstand geleistet hat, kann auch diese Gruppe nicht von der Kirche vereinnahmt werden. Das läßt sich am Beispiel von Willi Graf verdeutlichen, der im o.a. Bischofswort von 1995 ebenfalls namentlich hervorgehoben wird. Für ihn waren Christentum und Nationalsozialismus unmöglich miteinander in Einklang zu bringen. Seine Gewissensentscheidung, sich dem NS-Regime zu widersetzen, war zwar bereits früh gefallen, dennoch mußte er in den nachfolgenden Jahren manchen Zweifel für sein Handeln immer wieder überwinden. Der Weg in den politischen Widerstand war auch für ihn keine leichte Angelegenheit. Bestärkt wurde er in der Mitarbeit der »Weißen Rose« durch die eigenen Erlebnisse als Sanitäter an der Front in Jugoslawien, Polen und Rußland. Vor allem war er erschüttert über Berichte anderer über die schrecklichen Greueltaten deutscher Soldaten und SS-Leute in Rußland und die Mordaktionen an Juden. In der Widerstandsgruppe übernahm er die Aufgabe der Ausweitung der Aktivitäten auf andere Universitätsstädte, so auf Saarbrücken, Freiburg, Köln und Bonn. Bald nach der Festnahme der Geschwister Scholl wurde auch Willi Graf verhaftet und am 19. 4. 1943 von Roland Freisler zum Tode verurteilt. Nachdem sich die Gestapo vergeblich bemühte hatte, ihn mit Foltermaßnahmen zum Reden über die Beteiligung weiterer Mitglieder der »Weißen Rose« zu bringen, wurde das Urteil durch das Fallbeil am 12. 10. 1943 vollstreckt.

Im Rückblick auf seine christliche und humanistische Erziehung und seine Mitarbeit in der konfessionellen Jugend mußte Willi Graf die großen Lücken und Schwächen in diesem Fundament erkennen. An seine Schwester Anneliese schreibt er am 6. 6. 1942: »Die Art und Erziehung, wie wir in der Religion aufwuchsen, sind denkbar schlecht und voller Unmöglichkeiten. Innerlich war dieses ganze Gebäude hohl und voller

Risse. Nur weil noch ein gewisser Glanz und bestimmt auch ein gutes Teil Sicherheit darauf lagen, konnte man sich eine Zeitlang darin wohlfühlen. Urteilskraft und lebendige Überzeugung aber haben wir nicht mitbekommen, um eventuell in der Lage zu sein, diese Weltanschauung zu verteidigen. Ich behaupte, daß dies gar nicht das eigentliche Christentum war, was wir all die Jahre zu sehen bekamen und das uns zur Nachahmung empfohlen wurde. In Wirklichkeit ist Christentum ein viel schwereres und ungewisseres Leben, das voller Anstrengungen ist und immer wieder neue Überwindung kostet, um es zu vollziehen. Der Glaube ist keine solch einfache Sache, wie es uns erschien, in ihm geht nicht alles so glatt auf, wie man wohl gemeint hat und sich vielleicht auch wünschte, um möglichst wenig Unruhe zu verspüren, denn das ist für viele doch etwas reichlich Unangenehmes.«[97]

Bis heute hat sich die Kirche mit solchen Aspekten, wie sie etwa Willi Graf kritisch vorgebracht hat, überhaupt nicht befaßt. Dabei wäre es sicher eine sehr aufschlußreiche Sache, wenn der Frage nach der Rolle der christlichen Erziehung und Bildung in den zwanziger und dreißiger Jahren einmal unter dem Gesichtspunkt nachgegangen würde, welche Stärken und Schwächen sie eigentlich gegenüber dem Nationalsozialismus und dem NS-Regime hatten.

»Trotz Versagens der Kirche als Institution in diesem Punkt (dem Holocaust, A.G.) gab es einzelne Geistliche und Laien, die aus eigener Initiative ihren bedrängten Nächsten geholfen haben.«[98] Zu diesem Urteil kam der niederländische Historiker Ger van Roon. Einer dieser Geistlichen war der Berliner Dompropst Bernhard Lichtenberg. Er hat bereits früh die Bischöfe auf das Verbrechen aufmerksam gemacht, das von den Nazis an den Juden verübt wurde. 1935 schickte er sogar einen Bericht an Göring, in dem er die entsetzliche Behandlung von KZ-Häftlingen (in Esterwegen) anprangerte. Am Morgen nach der Pogromnacht vom 9./10.November 1938 betete er für die verfolgten nicht-arischen Christen und Juden, was er anschließend täglich unternahm. Zu allen diesen Vorgängen haben die deutschen Bischöfe nicht nur geschwiegen, sondern auch weiterhin ihre Gläubigen dazu angehalten, der staatlichen Obrigkeit Gehorsam zu leisten.

Am 23. 10. 1941 wurde Bernhard Lichtenberg festgenommen und für zwei Jahre ins Gefängnis gesteckt. Gleich nach der Freilassung wurde er erneut verhaftet, um in das KZ Dachau eingeliefert zu werden. Auf dem Transport dorthin, am 5. 11. 1943, starb der mutige Geistliche.

Aus keinem Dokument geht hervor, daß der deutsche Episkopat die Positionen und Aktionen des Berliner Dompropstes gebilligt oder unterstützt hätte; ja man muß davon ausgehen, daß sein Widerstand gegen das schreckliche Unrechtssystem seitens der Bischöfe nicht erwünscht gewesen ist.

Karl Leisner, der bereits mit 22 Jahren als Diözesanjungscharführer der katholischen Jugend im Bistum Münster Zusammenstöße mit der Gestapo erlebte, hatte keine besonders starke Gesundheit. Wegen einer Lungenerkrankung mußte er sich in St. Blasien längere Zeit erholen. Aber auch in dieser Zeit hielt er sich mit kritischen, oder wie die Gestapo meinte: mit staatsfeindlichen Äußerungen nicht zurück.

Um solchen Äußerungen wirksam begegnen zu können, hatte das Regime bereits am 21. 3. 1933 eine »Verordnung zur Abwehr heimtückischer Angriffe gegen die Regierung der nationalen Erhebung« erlassen. Am 20. 12. 1934 wurde diese Grundlage durch das »Gesetz gegen heimtückische Angriffe auf Staat und Partei und zum Schutz der Parteiuniform« ausgewechselt. Es gab der Gestapo jegliche Möglichkeit, gegen abweichende Meinungen und kritische Äußerungen nach Belieben einzuschreiten. »In besonders schweren Fällen«, so hieß es in dem Gesetz, »kann auf die Todesstrafe erkannt werden.«[99]

Dieses Gesetz, das der Gestapo jegliche Willkür in die Hand gab, war auch für Karl Leisner zu einer Todesfalle geworden. Als er nach dem mißglückten Attentat auf Hitler Anfang November 1939, im Gegensatz zu Kardinal Faulhaber, sein Bedauern über dessen Ausgang zum Ausdruck brachte, schlug die Gestapo zu. Nach Gefängnisaufenthalten in Freiburg und Mannheim kam er zunächst in das KZ Sachsenhausen und dann in das KZ Dachau. Dort trat erneut die Krankheit auf. Sein großer Wunsch, zum Priester geweiht zu werden, wurde von einem in Dachau ebenfalls inhaftierten französischen Bischof kurz vor Weihnachten 1944 erfüllt. Nach der Befreiung des KZ durch amerikanische Truppen kam Karl Leisner als Todkranker in das Sanatorium nach Planegg, wo er am 12. 8. 1945 starb.

Es dürfte müßig sein, die Frage zu stellen, ob der Jugendführer Karl Leisner im Sinne der damaligen Kirchenleitung gehandelt hat, die bekanntlich andere Ziele verfolgte und ihre Gläubigen zur Anpassung an die schwierigen Zeiten ermahnte. Deshalb dürfte seine eigene Gewissensentscheidung von den Bischöfen und meisten Gläubigen kaum verstanden worden sein. Im übrigen verdeckt die häufig anzutreffende spektakuläre Hervorhebung seiner Priesterweihe in Dachau das tatsächliche politische Engagement, für das Karl Leisner schließlich vorzeitig sterben mußte.

Über die neue Heilige Edith Stein ist bereits viel gesagt und geschrieben worden. Ein Problem in diesen Beschreibungen stellt die Begründung dar, die für ihr »Martyrertum« herangezogen worden ist. Zwar hat sich Papst Johannes Paul II. bei der feierlichen Heiligsprechung in Rom in dieser Hinsicht behutsamer ausgedrückt als dies in dem Bischofswort vom 24. 4. 1995 noch der Fall gewesen ist; gänzlich fallengelassen wird die Begründung jedoch nicht, wie neue Publikationen deutlich machen. Danach werden nach wie vor die niederländischen Bischöfe für den Tod von Edith und Rosa Stein verantwortlich gemacht, weil sie mit ihrem mutigen öffentlichen Protest gegen die Judenverfolgung und -vernichtung eine harte Reaktion des NS-Regimes ausgelöst hätten. Hieraus wird gefolgert, daß sie somit nicht in erster Linie als Jüdin, sondern als »Blutzeugin um des Glaubens willen« gestorben sei. Das vertrat vor allem Kardinal Höffner anläßlich der Seligsprechung von Edith Stein: »Der unmittelbare Zusammenhang von Verhaftung und Tod mit dem Hirtenbrief der holländischen Bischöfe ist somit klar erwiesen. Nun gerade dieser Zusammenhang legt es nach Meinung der deutschen Bischöfe nahe, Edith Stein des titulus Martyris zu würdigen…«[100]

Das Bischofswort von 1995 und die meisten anderen kirchlichen Äußerungen zu diesem Vorgang verschweigen, daß es sich hier um einen makabren Plan des Reichskommissars für die besetzten Niederlande, Seyß-Inquart, handelte. Nach ihm sollten die holländischen Bischöfe sich jeglicher Kritik an den Maßnahmen gegenüber den Juden enthalten, dafür sollten die getauften Juden nicht in die Vernichtungslager abtransportiert werden. Selbst wenn man bedenkt, daß eine solche Zusage bei den Nazis nichts wert war, sollten sich hier die Bischöfe bereit erklären, die »eigenen« Juden auf Kosten der anderen zu retten. Das war ein so großes unmoralisches Ansinnen, daß es für die niederländischen Bischöfe keine Frage war, wie sie sich entscheiden mußten. Es ist bedauerlich, daß die protestantischen Kirchenvertreter von dieser gemeinsam abgestimmten Aktion im letzten Augenblick Abstand nahmen.

Diesen Vorgang nehmen die deutschen Bischöfe und ihnen nahestehende Historiker und Publizisten häufig zum Anlaß, das kluge Schweigen der deutschen Bischöfe gegen das Reden der niederländischen zu setzen. Überhaupt nicht bedacht und geäußert wird dabei, daß es eigentlich richtig gewesen wäre, wenn sich die deutschen Bischöfe schon von Anfang an (ab dem 30. 1. 1933) öffentlich und mutiger zu allen schweren Übergriffen, Verfolgungen und Morden des Naziregimes geäußert hätten. Es ist nicht abwegig zu erklären, daß eher das Schweigen der deutschen Bischöfe als das Reden der niederländischen den Tod von Edith und Rosa Stein mitverursacht haben. Der Lebensweg der Geschwister Stein macht jedenfalls deutlich, wie notwendig es gewesen wäre, von seiten der Kirchenleitung ein realistisches und mutiges Konzept zum Schutz der Juden zu verfolgen, anstatt bloß dem Schicksal seinen Lauf zu lassen.

Edith Stein jedenfalls hat sich schon seit 1933 konkret bemüht, die Kirchenleitung auf das drohende Unheil für die Juden aufmerksam zu machen. Sie wollte sogar nach Rom fahren, um den Papst zu bitten, sich mit einer eigenen Enzyklika vor die verfolgten Juden zu stellen. Da ihre Chancen für eine Privataudienz sehr gering waren und ihr dringend von einer solchen Fahrt abgeraten wurde, schickte sie wenigstens ein entsprechendes Schreiben an den Papst. Zur Reaktion hierzu schreibt sie: »Ich weiß, daß mein Brief dem Heiligen Vater versiegelt übergeben worden ist; ich habe auch einige Zeit darnach seinen Segen für mich und meine Angehörigen erhalten. Etwas anderes ist nicht erfolgt.«[101] Auf jeden Fall war ihre Initiative von einem Weitblick getragen, der in der katholischen Kirche in dieser Klarheit nur sehr selten anzutreffen war.

Wie sehr das mutige Wort eines Bischofs dem NS-Regime zusetzen konnte, zeigte der Protest des Münsteraner Bischofs von Galen gegen das Euthanasie-Programm. Dieses offene Einschreiten eines Bischofs wird nicht nur in dem o.a. Hirtenwort von 1995, sondern an unzähligen weiteren Stellen, vor allem in der kirchennahen Presse und Literatur, lobend hervorgehoben. Es soll auch hier in keiner Weise herabgesetzt oder unterbewertet werden. Was in diesem Zusammenhang jedoch stets verschwiegen wird, ist die Tatsache, daß dieser Protest keine Nachahmer unter den anderen bischöflichen Mitbrüdern und keine spontane Solidaritätsaktion der Fuldaer Bischofskonferenz hervorgerufen hat. Zumindest heute müßte deshalb neben dem Lob für die mutige Tat von Galens zugleich auch eine deutliche Kritik an die Adresse der anderen Bischöfe stehen. Nicht erwähnt wird allerdings in der Regel auch, daß der Münsteraner Bischof in der sogenannten »Judenfrage« völlig geschwiegen und in vielen anderen Punkten (Hitlers Außenpolitik und Gefolgschaftstreue im Krieg) eine betont stabilisierende Rolle im System eingenommen hat. Der »Löwe von Münster«, wie er oft genannt wird, hat deshalb in vielen schwerwiegenden Fällen seine Krallen nicht ausgestreckt, sondern lieber den Gehorsam gegenüber dem NS-Regime propagiert.

Eine solche Rolle der kirchlichen Anpassung und Unterstützung der »nationalen Erhebung« hat auch der Bischof von Rottenburg, Johann Baptist Sproll, in den ersten Jahren der Hitler-Diktatur wahrgenommen. So sprach er in einer Pastoralanweisung vom 26. 4. 1933 seinen Geistlichen das Vertrauen aus, »daß sie in der gegenwärtigen Zeit eine besonnene und versöhnliche Haltung einnehmen, alles vermeiden, was irgendwie zu Mißverständnissen führen könnte und ihre ganze Kraft einsetzen für die sittliche Erneuerung unseres Volkes in christlichem und vaterländischem Geiste«[102]. Damit legte der Bischof seinen Geistlichen nahe, sich positiv in das neue Regime einzubringen und an seinem Aufbau mitzuwirken. In den nachfolgenden Jahren wandte sich Bischof Sproll jedoch in einer Reihe von Predigten gegen den »Mythos des Nationalsozialismus« und wurde in mancher Hinsicht ein unbequemer Vertreter der Kirche gegenüber den Nationalsozialisten. Dennoch war das entscheidende Zeichen, das er setzen wollte, für viele Katholiken – auch für seine Amtsbrüder – nicht verständlich und kirchenpolitisch unwirksam. Als nämlich der Anschluß Österreichs in einer Wahl am 12. 3. 1938 die öffentliche Zustimmung aller Deutschen erhalten sollte, blieb Bischof Sproll demonstrativ dieser Abstimmung fern. In mehreren Phasen fand anschließend seine Bestrafung durch die Nazis und seine Verbannung aus der Diözese statt. Sie endete erst mit der Rückkehr nach Rottenburg am 12. 6. 1945. Hauptaufenthaltsorte in der Zeit der Verbannung waren St. Ottilien und das Heilbad Krumbach in Bayern. Eine permanente Verfolgung sowie Folter und Haft blieben ihm jedoch erspart.

Seine damaligen Mitbrüder im Bischofsamt brachten keine besondere Solidarität für ihren Mitbruder auf, so daß bischöfliche Reaktionen, etwa ein öffentlicher Protest gegen seine Verbannung, ausblieben. Viele Mitbrüder hielten den Schritt des Rottenburger Bischofs für deplaziert; die meisten hatten deshalb auch keinen Kontakt zu ihm während der langen Jahre seines Exils.

Heute wird in kirchlichen Stellungnahmen immer der Eindruck erweckt, daß es sich hier nicht nur um eine für die damaligen deutschen Bischöfe lobenswerte Haltung und Tat ihres Mitbruders gehandelt habe, sondern daß dies insgesamt als ein mutiges Beispiel (von vielen) kirchlicher Praxis in der NS-Zeit bezeichnet werden müßte. Dieser Beweis steht allerdings immer noch aus.

Das Martyrium – Opfertod für den Glauben oder Option für die Opfer?

Im Pontifikat von Papst Johannes Paul II. wurden bisher weitaus mehr Christen selig- oder heiliggesprochen als von seinen Amtsvorgängern in den vergangenen vierhundert Jahren. Es wäre eigentlich naheliegend, diese Praxis des Papstes hier ausführlicher darzustellen und dabei kritisch auf Sinn und Zweck derselben näher einzugehen. Fragen würden dabei z.B. die Seligsprechungen der insgesamt 180 Personen aufwerfen, die im spanischen Bürgerkrieg (1936–1939) durch republikanische Volksgerichte zum Tode verurteilt und getötet wurden, weil sie aktiv oder als Sympathisanten auf der Seite des Franco-Faschismus gestanden haben. Als fragwürdig würde auch die Seligsprechung von Kardinal Stepinac im Jahr 1998, dem engen Freund der Ustascha und des Serbenschlächters Pavelic, oder die rasche Seligsprechung des Gründers des Opus Dei erscheinen. Auch die beabsichtigte Seligsprechung von Papst Pius XII., die in letzter Zeit immer wieder von kirchlichen Kreisen in die Öffentlichkeit gebracht wird, müßte hier erwähnt werden. Nicht wenige Päpste sind im Laufe der Jahrhunderte unter sehr zweifelhaften Begründungen heiliggesprochen worden; selbst die Beteiligung an den blutigen Kreuzzügen galt bekanntlich als Grund, jemanden zum Martyrer für Kirche und Glauben zu erklären.

Nun sind heute Selig- und Heiligsprechungen häufig ein eher diplomatisches und apologetisches als theologisch-pastorales Ereignis. Dennoch soll hier der Frage nachgegangen werden, welcher Begriff und welches Verständnis von einem Martyrer oder einer Martyrerin derzeit in der Kirche (vor allem in Europa) anzutreffen sind. Für dieses Verständnis wird als der zentrale Zugang nach wie vor das Bibelwort angeführt: »Eine größere Liebe hat niemand, als wer sein Leben hingibt für seine Freunde.«(Joh 15,13) Hierauf verweist auch die Erklärung des Zweiten Vatikanischen Konzils, die die Hingabe des Lebens, das Zeugnis der Liebe, das Vergießen des Blutes als ein außergewöhnliches Geschenk Gottes ansieht und zugleich prophezeit, daß es nur wenigen gegeben sei, Christus in einer solchen Weise zu bekennen.[103] Öfters wird von kirchlicher Seite auf den Katechismus verwiesen, nach dem »das Martyrium das erhabenste Zeugnis (ist), das man für die Wahrheit des Glaubens ablegen kann; es ist ein Zeugnis bis zum Tod. Der Martyrer legt Zeugnis ab für Christus, der gestorben und auferstanden ist und mit dem er durch die Liebe verbunden ist. Er legt Zeugnis ab für die Wahrheit des Glaubens und die christliche Glaubenslehre.«[104] Das Römische Brevier formuliert diese Vereinnahmung der Martyrer für die Kirche in einer besonders theatralischen Sprache: »Das sind die, welche in ihrem Erdenleben mit ihrem Blute die Kirche begossen haben … Die Heiligen fürchteten nicht die Schläge der Henker und starben um des Namens Christi willen, um Erben zu werden im Hause des Herrn … Sie gaben ihren Leib für Gott im Tode hin, sie haben ewige Kronen verdient …«[105]

Der Beauftragte der Deutschen Bischofskonferenz für das neue »Martyrologium«, Dr. Helmut Moll, erklärt dies zwar zeitgemäßer, aber nicht grunsätzlich anders: »Diese Blutzeugen belegen die Kraft eines lebendigen Glaubens in gottloser Zeit. Sie nähren die Hoffnung auf eine Zukunft des Christentums auch in säkularer Umwelt. Sie sind glaubwürdige Vorbilder und werden deshalb eingeschrieben in das Gedächtnis der Kirche.«[106] Für die Deutsche Bischofskonferenz kommen im übrigen vier Kategorien (an Glaubenszeugen) für Selig- und Heiligsprechungen in unserer Zeit in Frage: »Opfer des Nationalsozialismus, die aus Haß gegen den Glauben verfolgt wurden; die Opfer des Kommunismus (in diesem Fall insbesondere Rußland- oder Wolgadeutsche); Missionare und schließlich Märtyrer/innen der Keuschheit.«[107]

In seiner Ansprache zur Verkündung des erwähnten »Martyrologiums« stellt Papst Johannes Paul II. fest, daß in unserem Jahrhundert die Martyrer zurückgekehrt seien, »häufig unbekannt, gleichsam unbekannte Soldaten der großen Sache Gottes«. Der Papst spricht sich für eine ökumenische Sicht der Heiligen und der Martyrer aus. Besonders plädiert er für die »Anerkennung der heroischen Tugenden von Männern und Frauen ... die ihre Berufung in der Ehe verwirklicht haben ... und die der Kirche als Vorbild für die anderen christlichen Eheleute vorgestellt werden« können.[108]

Nun ist es im täglichen Leben wie auch in außergewöhnlichen historischen Situationen nicht immer einfach und eindeutig, die »Wahrheit des Glaubens« zu erkennen und zugleich das Erfordernis des Zeugnisses in seinem Gewissen zu vernehmen. Mit ihren Optionen und Entscheidungen standen jedenfalls die damaligen katholischen Widerstandskämpfer in ihrer Kirche ziemlich einsam da. Die Mehrheit der Christen plädierte für andere Wahrheiten und eine andere Praxis. Der Limburger Bischof Hilfrich war sogar noch nach 1945 der Meinung: »Alle, die auf die Warnungen der Kirche gehört haben, dürfen sich sagen, daß sie unschuldig sind an dem Unglück, das mit der Machtergreifung begann und gleichsam schicksalhaft in den folgenden Jahren wie eine Tragödie unseres Volkes verlief ... Offener Widerstand von einzelnen hätte bei der Unterdrückung jeglicher Freiheit dieselben nur nutzlos in Gefahr gebracht.«[109] Der Bischof geht also noch einen Schritt weiter, als dies später auf dem Konzil mit der Berufung der kleinen Zahl zum Martyrium vertreten wird. Er hält jegliches Zeugnis in solchen diktatorischen Verhältnissen für »nutzlos« und läßt nicht einmal die »wenigen« gelten, die offen Zeugnis für die Wahrheit ablegen. Wenn wir genau hinsehen, dann war das eigentlich kein außergewöhnlicher Standpunkt; schließlich hat sich die Kirchenleitung in der NS-Zeit insgesamt entscheidend nach diesem Muster verhalten.

Heute bemüht sich die Kirche, die Spuren ihrer damaligen Haltung zu verwischen und vor allem den Begriff der »Heiligkeit« in bestimmter Weise festzulegen. Dies wird z.B. an dem Seligsprechungsverfahren für den Schriftleiter der KAB-Zeitung, Nikolaus Groß, sehr deutlich. So hat der damalige Postulator (offizieller Befürworter) in diesem Verfahren, Pfarrer Albert Kaußen, wichtige Hinweise für das derzeitige Verständnis eines »Martyrers« und für die Begründung seiner »Heiligkeit« gegeben. Er selbst will die nachfolgenden Fragen »kritisch« verstanden wissen: »Liegt dem Opfer und Tod von Nikolaus Groß die Tatsache zugrunde, daß er sich an einem politischen Umsturzversuch beteiligte und als Hochverräter hingerichtet wurde? Oder war dieser Tod wirklich ein Opfertod für den Glauben? Diese Unterscheidung aus seinem Leben herauszulesen und entsprechend zu belegen, muß durch die Aussagen von Zeugen und durch viele Hinweise aktenkundig gemacht werden. Wenn ich für den Begriff des ›Bekenners‹ das Charakteristikum eines glaubensstarken Christen und eines kontemplativen Menschen voraussetze, dann glaube ich, daß wir mit Mut und Zuversicht an die Aufgabe herangehen können, Nikolaus Groß einmal als Bekenner und Märtyrer verehren zu dürfen.«[110]

Dieser kurze Text macht deutlich, daß es sich hier eigentlich nur um eine rhetorische Frage handelt, denn Kaußen beantwortet im gleichen Atemzug bereits die Frage dahingehend, daß eine Seligsprechung nur unter dem zweiten Akzent erreicht werden könnte. Entscheidend ist jedoch die allzu deutlich vertretene »Zwei-Reiche-Theologie«, die in diesem Zitat zum Ausdruck kommt, nämlich die unvermittelte Gegenüberstellung des politischen Engagements mit dem Ziel des Sturzes dieses Regimes einerseits sowie andererseits das Bekenntnis eines glaubensstarken Christen. Daß es sich hier um zwei Seiten derselben Medaille handeln könnte, um eine unverzichtbare Verknüpfung von Glauben, Gewissen und politischer Lebenswelt dieser Christen, wird an keiner Stelle klar betont. Es liegt nahe, daß eine solche Vorgehensweise die Kirche nicht nur davon entlastet, auf die damalige historische Wirklichkeit konkreter einzugehen, sondern auch dazu beiträgt, daß sie sich einer grundsätzlichen Auseinandersetzung um Fragen des politischen Widerstandes mit ihren vielen wichtigen Teilfragen für die heutige Zeit entziehen kann. Ein Beispiel hierfür ist das Lebensbild, das der Paderborner Erzbischof von Nikolaus Groß in dem Bistumsblatt »Der Dom« vom 21. 2. 1999 zeichnet. In ihm wird peinlich vermieden, die Hauptzielsetzung seiner politischen Aktivitäten, die Beseitigung der bestehenden Staatsführung, überhaupt mit einem Wort zu erwähnen.[111]

Diese Problematik wird auch in dem voraussichtlichen Seligsprechungsverfahren für den österreichischen Bauern und Kriegsdienstverweigerer Franz Jägerstätter deutlich. Auch hier wäre seitens der Kirche die aus dem christlichen Gewissen geformte politische Verweigerung des Kriegsdienstes von Jägerstätter als Grund für eine Seligsprechung unverfälscht herauszustellen, und man muß sich sogar fragen, ob hier nur ein »ehrenwerter Einzelfall« (auch für unsere Zeit) hervorgehoben wird. Wie schwer dies der Kirche damals und noch nach dem Kriege fiel, geht aus der Äußerung des Linzer Bischofs Fließer hervor, der über das Gespräch, das er 1943 mit Jägerstätter geführt hatte, 1946 schrieb: »Ich habe umsonst ihm die Grundsätze der Moral über den Grad der Verantwortlichkeit des Bürgers und Privatmannes für die Taten der Obrigkeit auseinandergesetzt und ihn an seine viel höhere Verantwortung für seinen privaten Lebenskreis, besonders für seine Familie erinnert.« Damit bescheinigt ihm der Bischof, selbst nach dem Krieg noch, ein irriges Gewissen gehabt zu haben, ja indirekt sogar, daß der Krieg Hitlers als ein gerechter Krieg bezeichnet werden mußte. Franz Jägerstätter schrieb dazu: »Immer wieder möchte man einem (mir) das Gewissen erschweren betreffs Gattin und Kinder. Sollte die Tat, die man begeht (den Kriegsdienst zu leisten, A.G.), vielleicht dadurch besser sein, weil man verheiratet ist und Kinder hat? Oder ist deswegen die Tat besser oder schlechter, weil es tausend andere Katholiken auch tun?« Und im Hinblick auf die Kirche schreibt er: »Was wäre es für ein Unterschied, wenn nicht ein Gotteshaus mehr geöffnet wäre, wenn die Kirche ohnehin zu allem schweigt, was geschieht?«[112]

Auf jeden Fall war das bisherige Vorgehen im Seligsprechungsverfahren von Nikolaus Groß kaum geeignet, seine politische Lebenswelt, sein Denken und Handeln in Fragen des gebotenen politischen Widerstandes überhaupt angemessen zu erfassen und zu würdigen.[113] Ludger Weckel stellt deshalb in seiner Schrift »Um des Lebens willen. Zu einer Theologie des Martyriums aus befreiungstheologischer Sicht«[114] zu Recht fest, daß Kaußen über einen bloß theologischen Begriff für das Martyrium nicht hinausgehe und damit die gesellschaftliche Wirklichkeit ausblende. Die Definition Kaußens sei deshalb nicht in der Lage, die konkrete geschichtliche Aufgabe zu erfassen, die für die Widerstandskämpfer damals aus ihrer Gewissensentscheidung heraus getan werden mußte. Vor allem würde ein so erklärtes Martyrer-Ideal nicht mehr in der Lage sein, die wirkliche Ursache ihrer Verfolgung und ihres gewaltsamen Todes angemessen zu würdigen und die vielen Opfer ins Blickfeld zu führen, für die die Martyrer schließlich gestorben sind.

Indem Ludger Weckel seine Überlegungen in den Kontext der Befreiungstheologie stellt, verweist er nicht nur auf Jesus, sondern – in einem hermeneutischen Schluß – auch auf die Kreuze heute: »Jesus stellte sich an die Seite der Opfer und wurde dadurch selbst zum Opfer. Durch sein Opfer sollten alle Opfer als solche offenbar werden und damit gleichzeitig der Grundstein für die Überwindung jeglichen Opfers im Reich Gottes gelegt werden.«[115] Über die Martyrer im NS-Regime zu sprechen heißt demnach, über die Millionen Opfer zu sprechen, die dieser Schrekkensherrschaft anheimfielen, heißt darüber nachzudenken, wie sehr wir selbst und die Kirche als solche in dieses grausame Geschehen wissentlich, willentlich oder auch nur apathisch verstrickt waren. Über die Martyrer reden heißt, die unzähligen Opfer heute nicht aus den Augen zu verlieren, die von brutalen Machthabern, Polizisten und Soldaten, von zynischen Schreibtischtätern in den Wirtschaftszentren, von Behörden und unzähligen Handlangern täglich getötet werden. Der Papst spricht immer häufiger von der »Kultur des Todes« , in der wir heute leben. Die Frauen und Männer des Widerstandes haben nichts anderes getan, als gegen diese »Kultur des Todes« im Dritten Reich anzugehen und damit die Opfer durch ihr eigenes Zeugnis wieder sichtbar und hörbar zu machen. In diesem Verständnis zeigt sich unzweideutig die Analogie zwischen Jesus, dem Gekreuzigten, und den Gekreuzigten damaliger und heutiger Zeit.

Ludger Weckel verweist deshalb hier auf den methodischen Akzent in der Theologie der Befreiung. Dieser »postuliert keine (moralische) Forderung, das Martyrium zu erleiden, sondern reflektiert a posteriori über die Erfahrungen und den Sinn geschehener Opfer«. Damit ist nicht das Martyrium selbst das Ziel glaubensstarker Christen, sondern dafür »zu sorgen, daß es keine menschlichen Opfer mehr gibt ... und das Bemühen, die verschiedenen Arten von Unterdrückung aufzuheben«[116].

Der protestantische Theologe Martin Stöhr stellt in diesem Zusammenhang die Frage: »Legitimiere ich mich, meine Kirche oder gar Deutschland durch die Märtyrer oder durch Hinweise auf ein besseres Deutschland? Oder legitimiere ich die, die ich nicht vergessen will, dadurch, daß ich ihr Erbe kritisch aufnehme und weiter daran arbeite?«[117] Und Weckel führt schießlich den Gedanken im Hinblick auf die Theologie von Bonhoeffer und Moltmann weiter: »Die Märtyrerinnen sind damit ökumenisch, denn sie durchbrechen die konfessionellen Grenzen, selbst die Grenzen zwischen Christen und Nichtchristen. Ansatzhaft ist dies in den Gruppen, Initiativen und Gemeinden zu sehen, in denen sich Menschen gegen weltweite Ungerechtigkeit, gegen Armut und gegen Menschenrechtsverbrechen, Folter, Verfolgung und Abschiebung engagieren ... Das Gottesreich als Orientierungspunkt übersteigt und überschreitet konfessionell verengte Sichtweisen und Auseinandersetzungen.[118] Die Martyrerinnen mit ihrer Orientierung an der Überwindung des vorzeitigen, gesellschaftlich vermeidbaren Todes verweisen auf das Wesentliche des Gotteswillens in der Geschichte; denn die Gerechtigkeit des Gottesreiches besteht darin, daß die Armen leben.«[119] Hier wird Geschichte zugleich zur Heilsgeschichte »im Himmel so auch auf der Erde« und das Martyrium die »Konsequenz einer tätigen Parteilichkeit für die Opfer der (gegenwärtigen) Gesellschaft«[120]. In diesem Sinne hat auch Erzbischof Oscar Romero von El Salvador nicht das Martyrium gesucht, sondern sich mit allen Konsequenzen für das Ende der Sünde, der Unterdrückung und der Ungerechtigkeit in seinem Heimatland, offen eingesetzt. Deshalb war es auch nicht »die Kirche, die Romero zur Zielscheibe von Attentätern machte, sondern seine persönliche, wenngleich nicht exklusive Identifizierung der Sache Christi mit der Befreiung des salvadorianischen Volks«[121].

Wir müssen erkennen, daß in unserer Zeit immer mehr Martyrer Opfer politischer Bewegungen und Systeme sind; entsprechend sollte sich die Kirche aus ihren engen Begrifflichkeiten für Selig- und Heiligsprechungen lösen und nicht weiter Kriterien in den Vordergrund stellen, die den heutigen Gegebenheiten kaum gerecht werden. Dies ist aber nur möglich, wenn sich die Kirche dazu bereitfindet, mit den Herrschaftsstrukturen dieser Welt zu brechen, und ihren Ort bei den Armen und Unterdrückten einnimmt.

Der Postulator für das Seligsprechungsverfahren von Nikolaus Groß führt jedenfalls bei der Charakterisierung eines »Bekenners« nur die Begriffe »glaubensstarker Christ« und »kontemplativer Mensch« an. Er verbleibt eben – wie oben bereits erwähnt – in dem alten Dualismus der traditionellen Theologie, indem er deutlich unterscheidet zwischen den »wahren Bekennern« und den »Opfern politischer Gewalt«, zwischen dem wegen eines Umsturzversuches Hingerichteten und dem Blutzeugen Christi. Aus dieser Sicht ergibt sich zwangsläufig eine ideologische Überhöhung des Todes der Widerstandskämpfer und ihre Hereinnahme in den kirchlich-sakralen Kontext – auf Kosten des wirklichen gesellschaftlichen und politischen Konfliktes, in dem sie »agiert und den Tod gefunden haben«[122]. Zu dieser konfliktiven Wirklichkeit gehörte allerdings auch, daß sich der damalige Vertreter des Papstes in Deutschland und Sympathisant des NS-Regimes, Nuntius Orsenigo, geweigert hatte, sich für das Leben der Widerstandskämpfer, die am Putsch gegen Hitler in irgendeiner Weise beteiligt waren, einzusetzen.[123] Die Martyrer werden so auch zu einer Anfrage an eine Kirche, die sich mit den Mächten dieser Welt allzuoft eingelassen hat und immer noch einläßt, für die diplomatische Rücksichtnahmen oft wichtiger sind als der Widerspruch, den das Evangelium setzt – sei es gelegen oder ungelegen.[124] Auch heute sterben viele Christen, weil sie an die »Götzen« dieser Welt rühren, sie in Frage stellen, sie bekämpfen: Mal ist es das Geld, mal die Oberschicht, mal das Militär, mal die Verteilung des Landbesitzes, mal die Herrschaft der Männer. Aus dieser Sicht und in dieser Funktion werden die Martyrer damit nicht zu einer verehrungswürdigen Kultfigur, sondern zum Ort der Authentizität der Heilsbotschaft und ihres Wirkens in der Welt heute.

III. Der schwierige Umgang mit der Vergangenheit

Die »Unschuld« der Kirche und der Christen

Mit dem 8. Mai 1945 begann ein neues Kapitel: die Auseinandersetzung mit dieser Vergangenheit und die Konsequenzen, die aus ihr gezogen werden müßten. Auch die Kirche, die als eine gesellschaftliche Großgruppe »nahtlos« weiterbestehen konnte, stand vor dieser Aufgabe. Wie sie an diese heranging, wird bereits im Vorwort durch den Hinweis auf das erste gemeinsame Hirtenwort vom 23. 8. 1945 und die in Auftrag gegebene Umfrage über den Widerstand der Kirche erwähnt. Der katholische Publizist und Historiker Friedrich Heer stellte deshalb schon Anfang der 60er Jahre fest, daß sich bereits Legenden um diesen »Widerstand der Kirche« gebildet hätten, die nur als Bestandteil eines »gigantischen Verdeckungsmanövers« erklärt werden könnten.[125] Ein beredtes Zeugnis hierfür geben die Hirtenbriefe und Ansprachen der deutschen Bischöfe insgesamt, die z.B. in den »Dokumenten deutscher Bischöfe« für die Jahre 1945 – 1949 herausgegeben worden sind. Die bereits oben erwähnte Feststellung von Bischof Hilfrich aus Limburg, für den das nationalsozialistische Unheil gleichsam schicksalhaft über Deutschland gekommen ist, jedoch alle, die auf die Warnungen der Kirche gehört hätten, unschuldig an diesem Unglück seien, ist kein Ausnahmefall. Alle deutschen Bischöfe haben sich in ähnlicher Weise nach dem Ende des NS-Regimes an ihre Gläubigen gewandt bis hin zur Erklärung der deutschen Bischöfe vom 30. 1. 1983, in der es wörtlich heißt: »Wir dürfen aber auch erneut bezeugen, daß Kirche und Glaube eine der stärksten Kräfte im Widerspruch, ja Widerstand gegen den Nationalsozialismus waren, in mancher Hinsicht sogar die stärkste.«[126]

Die Lektüre der Hirtenbriefe und Ansprachen in den Jahren 1945 – 1949 macht deutlich, wie wenig die Bischöfe über die jüngste Vergangenheit und über ihre eigene Rolle in diesen ersten Nachkriegsjahren reflektiert haben, ja daß ihnen die Katastrophe und das ganze moralische Desaster überhaupt nicht zum Bewußtsein gekommen sind. Oder handelte es sich hier letztlich um eine Verdrängung, mit der sie schließlich nicht allein dagestanden hätten?

Aber so orientierungs- und hilflos waren sie offensichtlich nicht: Denn sehr bald nach Kriegsende übernahmen einflußreiche Kreise (Bischöfe, Ordensgemeinschaften, kirchliche und sonstige Hilfsorganisationen) die Aufgabe, für ehemalige Parteigenossen der NSDAP und Angehörige anderer Naziorganisationen sogenannte »Persilscheine« (Entlastungszeugnisse) auszustellen, um damit einer möglichen Strafverfolgung bereits frühzeitig einen Riegel vorzuschieben. So schrieb z.B. der Kölner Stadtdechant Robert Grosche schon wenige Tage nach der Befreiung der Stadt vom Naziregime am 24. 3. 1945 in sein Tagebuch: »Heute morgen kam eine Frau, deren Mann wegen seiner Zugehörigkeit zur Partei, bei der er in einer Gliederung ein höheres Amt bekleidet hat, verhaftet worden ist. Da der Mann zu meiner Pfarre gehört hat und ich ihn gut kenne, habe ich mich sofort durch ein Zeugnis für ihn eingesetzt. Hier wird überhaupt eine unserer Aufgaben liegen müssen; wir werden uns für solche Leute wirklich einsetzen müssen.«[127] So dachte auch der Kölner Erzbischof Joseph Frings, der in seinem Hirtenwort vom 2. 10. 1946 pauschal feststellte: »Wir deutschen Katholiken waren nicht Nationalsozialisten ...«[128] Aus dieser Perspektive war es dann nur konsequent, sich vor allem für die katholischen NS-Parteimitglieder einzusetzen. Nicht wenige, die in früheren Jahren ausgetreten waren, kamen nun reuevoll wieder »in den Schoß der Kirche« zurück, worüber dieselbe nicht unzufrieden war.

Aber es blieb hierbei nicht bei der Hilfe für die kleinen oder größeren Mitläufer. Das Ganze weitete sich als eine breitangelegte Fluchthilfe (die sogenannte Rattenlinie nach Südamerika) für ehemalige Nazigrößen und -verbrecher aus. Adolf Eichmann, Chef des Judenreferates im Reichssicherheitshauptamt und Verantwortlicher für die »Endlösung der Judenfrage«, Klaus Barbie, Gestapochef in Lyon, Walter Rauff, SS-Standartenführer und Erbauer der fahrbaren Gaskammern, Franz Stangl, Kommandant des Vernichtungslagers Sobibor, Adolf Galland, General der Jagdflieger, Dr. Gerhard Bohne, Organisator der Nazi-Euthanasie und viele andere erhielten mittels kirchlicher Kreise und Vertreter die Chance, sich gleich nach Kriegsende jeder Verantwortung für ihr verbrecherisches Handeln entziehen zu können. Erste Adresse in diesem schaurigen und traurigen Kapitel kirchlicher Nachkriegsgeschichte war der deutsche Bischof Hudal in Rom, der in allen vergangenen Jahren nie ein Hehl aus seiner glühenden Begeisterung für Hitler und sein Regime gemacht hatte. Hudal wollte sehr gern das Heilige Jahr (1950) zum Jahr einer Generalamnestie für alle Nazitäter ausrufen lassen, was ihm jedoch nicht gelang. Drei Jahre später, am 4. 3. 1953, erhielt er von einem Johannes P. Greil aus Argentinien eine Nachricht mit den Sätzen: »Hochverehrte Exzellenz! General Remer, der bekannte Mann des 20. 7. 1944, hält sich vorübergehend in Rom auf und bittet Sie, ob sein Besuch Ihnen angenehm wäre.« Der Nachsatz auf diesem Schreiben lautet: »Die Herren reisen inkognito!«[129] (Major Remer hatte tatsächlich am 20. Juli 1944 mit dem Einsatz seines Wachbatallions gegen die Widerstandskämpfer das Gelingen des Putsches entscheidend verhindert).

Aber auch der Kölner Erzbischof Frings hatte keine Mühen gescheut, sich bei den Alliierten z.B. für die Freilassung des SS-Obersturmbannführers Kurt Hans einzusetzen. Hans war bekanntlich für das Schießkommando mitverantwortlich, das im September 1941 in Babi-Yar innerhalb von drei Tagen 33.771 Juden ermordet hat. Solche Hilfen waren nicht auf das Erzbistum Köln beschränkt; auch handelte es sich keineswegs um eine geringe Anzahl. Der Publizist und Historiker Ernst Klee hat hierzu ein ganzes Buch mit dem Titel »Persilscheine und falsche Pässe« geschrieben.

Doch zurück zu den offiziellen Verlautbarungen der Bischöfe in dieser Nachkriegszeit: Nicht selten weisen die Rechtfertigungen, die deutsche Bischöfe für ihr Verhalten in der NS-Zeit nach 1945 vorbringen, eine ausgesprochen tragische Komponente auf. So etwa der Abschnitt aus dem Hirtenbrief von Erzbischof Gröber, Freiburg, vom 21. 9. 1945. Dort heißt es: »In unseren katholischen Kreisen haben wir nur unverhältnismäßig wenige gefunden, die mit innerer Bereitschaft oder gar mit Begeisterung dem Ruf zu den Waffen folgten … Es lag wirklich ein Stück Martyrium darin, sich für eine Sache in Pflichttreue zu opfern, die dem eigenen Wunsch und Willen nicht im mindesten entsprach … Gott weiß es, daß die Bischöfe so wenig wie die meisten ihrer Diözesanen vom Allerschlimmsten und Allerscheußlichsten etwas wußten, was das Dritte Reich in Gott- und Gewissenlosigkeit verübte, oder daß sie nur gerüchteweise davon erfuhren, ohne die Möglichkeit zu besitzen, das im Flüsterton Zugetragene auf seinen Wahrheitsgehalt nachzuprüfen ... Aber keiner von den Bischöfen hat je beweiskräftig erfahren, wie die Lager der Juden im Osten aussahen und wie man sie zu Tausenden und aber Tausenden in barbarischer Weise mißhandelte und am Rande der von den Opfern selber geschaufelten Massengräbern erschoß ... Als sie davon, aber nur vom Hörensagen, erfuhren, haben sie, soweit es überhaupt möglich war, dagegen protestiert und in den erlaubten Fristen Lebensmittel in die KZ-Lager geschickt ... Die fremden Völker mögen es selber bezeugen, ob die katholischen Bischöfe und die katholischen Priester und Gläubigen es waren, die sie der Heimat beraubten, einsperrten und plagten, oder ob es die andern gewesen sind, die vom Christentum und einer wahren Menschlichkeit nichts mehr wissen wollten ... Ohne sich zu rühmen, können die deutschen Bischöfe vor der ganzen Welt gestehen, daß sie auch zum Martyrertod bereit gewesen wären ... Viele Hunderte von Priestern und Glaubensgenossen haben bekanntermaßen trotz aller bischöflichen Gegenmaßnahmen in den KZ-Lagern und Gefängnissen geschmachtet, und zahlreiche davon sind in diesem furchtbaren Elend vorzeitig gestorben ...« [130]

Zu diesen beschämenden Ausführungen des Freiburger Erzbischofs, der bis 1937 bekanntlich förderndes Mitglied der SS war, wäre sehr viel anzumerken, aber im Hinblick auf die hier schwerpunktmäßig behandelte Thematik soll nur ein Aspekt herausgenommen werden, der bei Gröber an zwei Stellen genannt wird, zum einen das heimliche »Martyrium« der katholischen Nazis, die sich »in Pflichttreue geopfert« haben, zum andern der »Martyrertod«, zu dem angeblich alle deutschen Bischöfe bereit gewesen sind. Wie mögen solche Gedanken und Einstellungen wohl auf die Widerstandskämpfer und wirklichen Opfer nationalsozialistischer Herrschaft, etwa die, die in dem Bischofswort von 1995 namentlich genannt worden sind, gewirkt haben, wenn sie sie hätten vernehmen können? Man muß sich fragen, ob das, was den Bischof zu solchen Sätzen verleitet hat, naiv oder eine völlige Verkennung der Tatsachen oder eine zynische Unverschämtheit war.

Im wesentlichen laufen sämtliche Hirtenworte nach 1945 auf eine Verzerrung der historischen Wirklichkeit und eine Schönfärberei der eigenen kirchlichen Vergangenheit hinaus. So sprachen die Bischöfe z.B. von einem Kreis von Verbrechern, die uns und die Welt in die Katastrophe führten, von Vergehen gegen die Menschlichkeit, die von einzelnen begangen worden sind, von dem bayerischen Volk, das sich in tapferem Abwehrkampf um das Kreuz geschart hat, von dem Wahnsinn eines einzelnen, der Deutschland verführt hat. Michael Buchberger von Regensburg wandelte den Vorwurf der Kollektivschuld einfach in ein Kollektivlob um: »Ja, wir sind in der Feuerprobe ein christliches Volk geblieben und wollen es bleiben.«[131]

In einer Sprache, die über weite Strecken noch eine Diktion aus der Zeit des NS-Regimes aufweist, veröffentlichte der Mainzer Bischof Albert Stohr am 29. 6. 1945 ein Hirtenwort, in dem er seine Hoffnung auf eine baldige Wiederkehr eines großen und heiligen deutschen Reiches zum Ausdruck bringt. Wörtlich: »In aller Offenheit und Überzeugung bekenne ich mich vor euch zu unserem armen, geschlagenen, zerbrochenen, von fremden Mächten überzogenen Vaterland. Für uns Katholiken ist ja die Vaterlandsliebe mehr als ein bloß naturhaftes Nationalgefühl. Sie ist uns Willenstugend, deren Gegenstand die von Gott gewollte Bluts- und Gesinnungsgemeinschaft aller deutschen Brüder und Schwestern ist ... Wir Deutschen haben zwar im Augenblick keinen Staat. Unser stolzes Reich ist zerspalten ... Aber wir haben doch ein Ideal vor uns und hoffen, daß seine Verwirklichung uns über kurz oder lang wieder gelingen wird ... Denkt daran, in welchem Grad einst das deutsche Reich Bannerträger des Reichsgedankens war! Wenn es uns auch nicht gegeben ist, Zeiten zurückzuführen, da Könige Ehrentitel erstrebten, wie »Allerchristlichster König«, »Apostolischer König«, »Verteidiger des Glaubens«, so dürfen wir doch aufschauen zu diesen Zeiten heroischer Jugendkraft unseres Volkes und seiner größten Heldentaten ... So wurde die christliche Religion die Grundlage der ganzen geschichtlichen Entwicklung des deutschen Volkes, seiner Kultur und seines sittlichen Wesens. Ihr verdankt das deutsche Volk seine höheren geistigen Güter. Damit wurde aber auch unser deutsches Vaterland nicht bloß Träger des Reichsgedankens, sondern auch Garant der christlichen Einheit, der christlichen Vormacht in Europa. Diesem Ideal träumen wir nicht nur nach in der Vergangenheit, sondern wir trauen ihm Wirkkraft zu für Gegenwart und Zukunft.«[132]

Solche Gedanken und Verlautbarungen eines deutschen Bischofs bringen noch einmal in erschütternder Weise den Beweis, in welchem Geist hier die Zeit des Naziregimes miterlebt worden ist und mit welcher Selbstverständlichkeit so etwas wie eine Selbstkritik in den Reihen der Bischöfe überhaupt nicht anzutreffen war. Je öfter man den Text liest, je tragischer wird der Gesamteindruck. Daß es sich hier um das größte Versagen von Humanismus und Christentum in der deutschen Geschichte gehandelt hat, überstieg nicht nur das Begreifen dieses Bischofs, es wird auch in vielen heutigen Stellungnahmen von kirchlicher Seite in einer solchen Dimension offensichtlich nicht begriffen.

Die Verdrängung der Wahrheit und der erlebten Geschichte wird vor allem hinsichtlich des Massenmordes an der jüdischen Bevölkerung in Deutschland und in den von deutschen Truppen besetzten Gebieten deutlich. In den ersten Jahren nach dem Ende des NS-Regimes gab es keine einzige Stellungnahme eines Bischofs oder der Fuldaer Bischofskonferenz hierzu. In dem umfangreichen Sammelband der Hirtenbriefe wird das Wort »Jude« nur in einem einzigen Bischofswort – im Rahmen einer allgemeinen Aufzählung – kurz erwähnt. Dieses Schweigen der Kirche zum Holocaust blieb bis zum Zweiten Vatikanischen Konzil.

Dennoch wären Umkehr und Trauerarbeit – auch ohne den Vorwurf einer Kollektivschuld zu erheben – allgemein geboten gewesen. Zu sehr lastete auf allen Christen die Jahrhunderte dauernde Gleichsetzung der Juden mit den Gottesmördern. Zu grausam und unbarmherzig waren im Laufe der Geschichte des Christentums die Auswirkungen eines solchen Antisemitismus. Aber die Reue hierüber war in der katholischen Kirche keineswegs selbstverständlich. Ein erster Schritt kam mit der Konzilserklärung »Nostra aetate« zustande; aber die bisher deutlichste Position zu einer Umkehr hat die Würzburger Synode unternommen. In der Erklärung »Unsere Hoffnung« vom 22. 11. 1975 heißt es: »Wir waren in dieser Zeit des Nationalsozialismus, trotz beispielhaften Verhaltens einzelner Personen und Gruppen, aufs Ganze gesehen doch eine kirchliche Gemeinschaft, die zu sehr mit dem Rücken zum Schicksal dieses verfolgten jüdischen Volkes weiterlebte, deren Blick sich zu stark von der Bedrohung ihrer eigenen Institutionen fixieren ließ und die zu den an Juden und Judentum verübten Verbrechen geschwiegen hat … Die praktische Redlichkeit unseres Erneuerungswillens hängt auch an dem Eingeständnis dieser Schuld und an der Bereitschaft, aus dieser Schuldgeschichte unseres Landes und auch unserer Kirche schmerzlich zu lernen ...«[133]

Leider war in den nachfolgenden Jahren dieser Geist der Trauer und Umkehr deutlich weniger in den Stellungnahmen der Bischöfe und der kirchennahen Publikationen anzutreffen; auch die Position der Würzburger Synode wird weitgehend verschwiegen. Immer häufiger wird dagegen diese Vergangenheit mit der Feststellung abgehandelt: Ihr Juden seid zwar unbarmherzig diskriminiert, verfolgt und ermordet worden ... aber uns Christen ging es damals auch sehr schlecht; auch wir wurden verfolgt und hatten Opfer zu beklagen. Dieses Muster liegt auch der neuesten Erklärung des Vatikans, »Unaussprechliche Tragödie« – ein vatikanisches Dokument zum Holocaust –, vom 17. 3. 1998 zugrunde. Wichtigste Fakten und Daten in der Geschichte des Holocaust, wie die Judenpogrome, die Nürnberger Rassengesetze, die massenhaften Deportationen ohne Wiederkehr und die Nichtreaktion der Kirche hierauf bleiben einfach ungenannt. Wie in den meisten Veröffentlichungen der Bischöfe wird auch in dieser Erklärung der päpstlichen Kommission ein Kirchenbild zu Hilfe genommen, das ein Schuldigwerden nur für einzelne Christen, nicht jedoch für die Kirchenleitung oder gar die Kirche selbst zugesteht. Zwei besonders problematische Sätze in diesem Papier, gegen die sich u.a. auch das Zentralkomitee der deutschen Katholiken gewandt hat, lauten: »Die Shoa war das Werk eines typischen modernen neuheidnischen Regimes. Sein Antisemitismus hatte seine Wurzeln außerhalb des Christentums und es zögerte nicht, sich bei der Verfolgung seiner Ziele der Kirche entgegenzustellen und ihre Mitglieder ebenfalls zu verfolgen.«[134] Während solche Positionen apodiktisch vorgetragen werden, erhalten Hinweise auf eine mögliche (kirchliche oder christliche) Mitschuld höchstens einen Fragecharakter. Die gesamte Erklärung ist deshalb eher als eine Rechtfertigung und kaum als ein Schuldbekenntnis der Kirche anzusehen. Sie steht damit weiterhin in der Tradition des Zweiten Vatikanischen Konzils, das – bei allen neuen Schritten und Sichtweisen – in diesem Punkt ihr Selbstverständnis nicht geändert hat. In einer Fußnote zur Enzyklika »Mystici Corporis«, die das Zweite Vatikanum als eine Grundlage zitiert, wird darauf hingewiesen, daß die Vater-unser-Bitte um Vergebung der Schuld von der Kirche nicht im eigenen Namen, sondern nur im Namen einzelner Glieder verstanden werden kann. Ein Schuldeingeständnis der Kirche und der Kirchenleitungen für ihr Versagen in der Zeit der NS-Herrschaft ist damit von höchster Stelle ausgeschlossen worden.[135]

Auch wenn der amerikanische Historiker Daniel Goldhagen für manche zu aggressiv formuliert: In der Sache dürfte er dennoch kaum Unrecht haben, wenn er schreibt: »Während der gesamten NS-Zeit, als die deutsche Regierung und das deutsche Volk die Juden in Deutschland und in den eroberten Ländern immer heftiger verfolgten und schließlich physisch vernichteten, beobachteten die evangelische und die katholische Kirche, die Kirchenleitungen und die Bischöfe sowie die meisten Theologen schweigend das Leid, das Deutsche den Juden antaten. Kein offenes, deutliches Wort der Sympathie für die Juden, keine ausdrückliche, öffentliche Verdammung, kein Widerspruch gegen die Judenverfolgung. Nur von einigen Pastoren und Priestern waren verlorene Stimmen des Mitleids, der Hilflosigkeit zu hören und auch bittere Vorwürfe über das Schweigen der Kirchenoberen und Behörden.«[136]

Eine ähnliche beschönigende Position wie zum Holocaust nimmt die Kirche auch ein, wenn sie ihre stabilisierende Mitbeteiligung am Zweiten Weltkrieg herunterspielt oder sogar verleugnet. Obwohl das vorliegende Material derart erdrückend ist, scheut sie sich nicht, ihre Rolle als Friedensstifterin darzustellen. Vergessen sind die vielen moralischen Appelle zum Durchhalten, die Hochstilisierung des Krieges gegen die Sowjetunion als eine heilige, gottgefällige Verpflichtung. Vergessen sind das Glockengeläut nach den Siegen über die christlichen Nachbarländer und die vielen Dankgottesdienste für kriegerische Erfolge. Selbst die Art der Ehrung der Gefallenen hatte meistens einen kriegsverlängernden Effekt. Auch die Christen starben oft » für Führer, Volk und Vaterland«.

Dagegen bemühen sich die einzelnen Bischöfe und die Deutsche Bischofskonferenz immer wieder, ein anderes Bild der Kirche zu präsentieren. So stand u.a. in der Erklärung des Sekretariates der Deutschen Bischofskonferenz vom 31. 1. 1979: »Die permanente Aufforderung der Kirche zum Frieden während des Zweiten Weltkrieges grenzte für das NS-Regime an Landesverrat.«[137] Damit schafft es die Kirche, sich auch in diesem Punkt eine ausgesprochene Widerstands- oder Opferrolle zuzulegen!

Im Kontext der »Heiligkeit«

Angesichts des hier aufgezeigten »Waldes« kirchlichen Gehorsams in der NS-Zeit und angesichts der allzu geringen Bereitschaft zur eigenen Reflexion über die jüngste Vergangenheit stellt sich die Frage, ob die Kirche tatsächlich in der Lage ist, die ungehorsamen Frauen und Männer des Widerstandes, ihre Motivationen, ihre eigene tiefe Gläubigkeit, ihre Gewissensentscheidung, ihre politischen und ethischen Ziele, ihre Leidenswege und vor allem ihre Solidarität mit den unzähligen Opfern richtig verstehen und begreifen zu können. Im Zusammenhang mit der Seligsprechung von Bernhard Lichtenberg und Karl Leisner wurde bereits die Auffassung vertreten, daß die eigentliche Frage nicht heißt, ob diese Männer (und eine Reihe weiterer Widerstandskämpfer) reif seien für eine eventuelle Seligsprechung, sondern ob die Kirche überhaupt reif wäre, diese vornehmen zu können.[138] Daß es sich hier keineswegs um eine bloß rhetorische Frage handelt, geht aus den vorgenannten Dokumenten, Zitaten und Fakten hervor. Die Absicht, dieses immer noch große Defizit in der Wahrheitsfindung und Wahrheitsbekundung über die Rolle und Praxis der Kirche im Dritten Reich damit auszufüllen, daß man Frauen und Männer selig und heilig spricht, die sich – gegen die Interessen und Weisungen der Kirchenleitung – auf den politischen Widerstand eingelassen haben, kann nur weiter in die Irre führen. Auf diese Weise sich der Verantwortung zu entziehen und nachträglich die Kirchengeschichte zu verschönern ist zugleich eine Herabsetzung der Widerstandskämpfer und der Opfer des Nationalsozialismus.

Kurz vor seinem Tod hat der Psychoanalytiker und Sozialphilosoph Erich Fromm in einem Buch als zentrales Thema das Nachdenken »Über den Ungehorsam« herausgestellt. Ausgangspunkt war für ihn die erschreckende Feststellung der massenhaften Anpassung und des blinden Gehorsams in der NS-Zeit, vor allem im Zweiten Weltkrieg. Aber auch der durch die Hochrüstung in Ost und West bedrohte Weltfriede war für ihn Anlaß, nur in einem »Ungehorsam gegenüber falschen Autoritäten die wahrscheinlich einzige Möglichkeit zu sehen, die Menschheit vor dem Untergang zu bewahren.«[139] Auch wenn sich die weltweiten Bedrohungen unserer Lebensgrundlagen seit Anfang der achtziger Jahre geändert oder verlagert haben, dürften die Bedenken Fromms doch nach wie vor Gültigkeit haben. Der gehorsame Umgang mit falschen Autoritäten, der in vielfacher Weise überall anzutreffen ist und der immer wieder den Mächtigen die Chance gibt, einer »Kultur des Todes« zum Sieg zu verhelfen, kann nicht der Maßstab für das Zusammenleben der Menschen sein. Die Erinnerung an den Widerstand gegen das NS-Regime sollte uns ermutigen, Gewaltsysteme und Diktaturen in der Welt nicht einfach hinzunehmen, sondern offen zu werden für eine Widerstandskultur auch über die nationalen Grenzen hinaus. Heute werden in vielen Ländern der Erde, trotz Zugehörigkeit solcher Staaten zur UNO und zu vielen anderen honorigen internationalen Gremien, die verbrieften Menschenrechte schwerstens verletzt. Besonders die schreckliche Methode des Verschwindenlassens von Menschen, die Anwendung von Folter, die Inhaftierung unter menschenunwürdigen Bedingungen, die Vertreibungen und sogenannten ethnischen Säuberungen, kurz: die vielen täglichen Verbrechen gegen die Menschlichkeit haben ein solches Ausmaß erreicht, daß es höchste Zeit ist, das Rad der Rechtsmißachtungen und der Menschenschändungen umzudrehen. Vor allem müssen die Schuldigen zur Verantwortung gezogen werden. Es darf nicht üblich werden, daß Diktatoren, die viele Menschenleben auf dem Gewissen haben, einen »ehrenwerten« Lebensabend auf Staatskosten oder aufgrund ungerechter Bereicherung genießen können.

Das »andere Osterlied« sollte hierfür Richtschnur sein: »Das könnte den Herren der Welt ja so passen, wenn erst nach dem Tode Gerechtigkeit käme. Erst dann die Herrschaft der Herren, erst dann die Knechtschaft der Knechte, vergessen wäre für immer.«

Dieses Lied zielt auf die Erfüllung einer Gerechtigkeit hier auf Erden ab, auf den Abbau von Herrschaft und die Beseitigung der Knechtschaft, ja konkret auch der Männerherrschaft; schließlich waren die meisten Täter im NS-Regime Männer.

Auch wenn die bisherigen anderslaufenden Erfahrungen und die hier vorgebrachten Fakten aus unserer jüngsten Vergangenheit von dieser Utopie weit entfernt sind, sollten wir dennoch Hoffnung und Mut nicht aufgeben, an einem Frieden und einer Gerechtigkeit in unserem Land und unter den Völkern weiterzuarbeiten.

Das ist der Kontext der »Heiligkeit«, in dem nicht nur die Frauen und Männer des Widerstandes und die vielen Opfer der Nazidiktatur gestanden haben, sondern in dem auch wir heute stehen.

Quellen und Anmerkungen

1 Dokumente deutscher Bischöfe, Band I, Würzburg 1985, S. 40 ff

2 Ulrich von Hehl, Priester unter Hitlers Terror, Mainz, 3. Auflage, 1996. Kritische Anmerkungen zur 1. Auflage siehe Alexander Groß, Persilschein für den Klerus, Publik-Forum vom 3. 5. 1985. Mit einer ähnlichen Zielsetzung wie von Hehl geht auch Benedicta Maria Kempner in ihrem Buch »Priester vor Hitlers Tribunalen« vor, München, 3. Auflage 1996

3 Wort der deutschen Bischöfe in: Pressemitteilungen der Deutschen Bischofskonferenz vom 24. 4. 1995, S. 6

4 Helmut Moll, Wenn wir heute nicht unser Leben einsetzen ..., Köln 1998, Bildungswerk der Erzdiözese

5 Die ständige Formulierung Hitlers lautete allerdings: bolschewistisches Judentum

6 Z.B. Kardinal Karl Joseph Schulte, Köln, in dem vertraulichen Schreiben an die Dechanten (auf Veranlassung des Vorsitzenden der Deutschen Bischofskonferenz, Bertram) in »Pastorale Winke betreffend Stellung zum Nationalsozialismus«, vom 3. 3. 1931, Unterlage in NS-Dokumentationszentrum Stadt Köln; ferner: Protokoll der Fuldaer Bischofskonferenz vom 17. 8. 1932, zitiert nach B. Stasiewski, Akten deutscher Bischöfe, Bd. I, S. 843f.

7 Heinz-Albert Raem (Hg.), Katholische Kirche und Nationalsozialismus, Paderborn 1980, S. 34

8 H. Kammer, E. Bartsch, Jugendlexikon Nationalsozialismus, Hamburg 1987, S. 168

9 Guenter Lewy, Die katholische Kirche und das Dritte Reich, München 1965, S.113 ff; und Wilhelm Corsten, Aktenstücke zur Lage der katholischen Kirche in Deutschland 1933–1945, Köln 1949, S. 5 ff

10 Für eine grundlegende Diskussion über das Für und Wider zum Reichskonkordat vgl. Vierteljahreshefte für Zeitgeschichte, Stuttgart, 26. Jahrg. 1978, Nr. 4, (von Konrad Repgen und Klaus Scholder)

11 G. Lewy, ebd., S. 123. Zur Bejahung des inneren Aufbruchs vgl. auch Ernst-Wolfgang Böckenförde, Der deutsche Katholizismus im Jahr 1933, in: Hochland 53, 1960, S. 215–239

12 Conrad Gröber, Handbuch der religiösen Gegenwartsfragen, Freiburg 1937, Viertes Heft, S. 361f

13 Klaus Scholder, Die Kirchen und das Dritte Reich, Bd 1, Frankfurt 1977, S. 518

14 Originaldurchschlag des Protokolls der KAB vom 3. 5. 1933 bei A. Groß

15 Ein solches gemeinsames Hirtenwort hatten die Erzbischöfe von München und Bamberg am 1. 6. 1935 erlassen; dem schloß sich der Bischof von Münster am 28. 6. 1935 an; siehe Katholisches Kirchenblatt für die Stadt Münster, Nr. 28, 11. Jahrgang

16 Ulrich von Hehl, Katholische Kirche und Nationalsozialismus im Erzbistum Köln 1933–1945, Mainz 1977, S. 108

17 G. Lewy, ebd., S. 148

18 Barbara Schellenberger, Katholische Jugend und Drittes Reich, Mainz 1975, S. 44

19 Später hatte Th. Brauer jedoch Kontakte zu Widerstandskreisen, bevor er nach Amerika emigrierte; siehe Conze u. a. (Hg.) Jakob Kaiser Der Widerstandskämpfer Stuttgart 1967, S. 53

20 G. Lewy, ebd., S.126–131

21 K. Scholder, ebd., S. 662 (vgl. auch S. 658 f)

22 Jean Améry, Jenseits von Schuld und Sühne, dtv 10923, S. 8

23 Erklärung des Bensberger Kreises, Die Kirche selbst hatte die Feuerprobe glänzend bestanden – Wider die Entsorgung der kirchlichen Vergangenheit, in: Frankfurter Rundschau vom 13. 1. 1990, S. 12

24 Klaus Scholder, Politischer Widerstand oder Selbstbehauptung als Problem der Kirchenleitungen, in: Der Widerstand gegen den Nationalsozialismus, München 1986, S. 256

25 Erich Kosthorst/Bernd Walter, Konzentrations- und Strafgefangenenlager im Emsland 1933–1945, Düsseldorf 1985, S. 345 ff und G.Lewy, ebd., S. 251

26 Erzbischof C. Gröber wurde mit sechs weiteren hohen Mitarbeitern des Freiburger Ordinariates während des Jahres 1933 förderndes Mitglied der SS mit der Verpflichtung zur regelmäßigen monatlichen Beitragszahlung; er wurde im Januar 1938 aus der Fördergemeinschaft ausgeschlossen. Vgl. G. Lewy, ebd., S.60. Im Volksmund wurde der Erzbischof nicht selten »der braune Conrad« genannt.

27 G. Lewy ebd., S. 67

28 Ernst Klee, Die SA Jesu Christi, Frankfurt 1989, S. 156 ff

29 G. Lewy, ebd., S. 230. Außerdem veröffentlichten die deutschen Bischöfe am 19. 8. 1936 einen Hirtenbrief, der »ein emphatisches Loblied auf Hitlers Außenpolitik« enthielt; vgl. ebd., S. 228

30 Original-Druckmater in Privatbesitz bei A. Groß.
Siehe auch Franz Werfel in »Die wahre Geschichte vom wiederhergestellten Kreuz«: »Da es der höchsten kirchlichen Stelle, Seiner Eminenz dem Kardinal-Erzbischof von Wien, gefalle, der neuen Obrigkeit, die ja der Lehre gemäß auch von Gott sein müsse, mit Vertrauen entgegenzukommen, so könne er selber den Herren Seelsorgern im Lande nur die gehorsame Nachahmung dieser Haltung anempfehlen. Er wisse genau, was in den Ortschaften dieses Landes heute im Gange sei, spreche aber den dringenden Wunsch aus, jegliche Einmengung zugunsten der vertriebenen Juden zu unterlassen. Diese Vorkommnisse seien gewiß verurteilungswert, fallen aber nicht im mindesten in den Aufgabenbereich der Herren Pfarrer.« Und die Hände faltend, schloß der Prälat: »Wir wollen für die Juden beten, sonst aber noch einmal und immer wieder uns die Wahrheit vor Augen halten, daß jede Obrigkeit von Gott ist …«

31 Kurt Benesch, Die Suche nach Jägerstätter, Graz 1993, S. 121

32 Georg Denzler, Widerstand oder Anpassung, München 1984, S. 97

33 Meine Mutter erzählte nach 1945, daß mein Vater mehrmals sehr enttäuscht von gemeinsamen Sitzungen mit Bischöfen zurückgekommen sei mit der Bemerkung: Da haben sie mal wieder gekniffen.

34 H-A.Raem, ebd., S. 73

35 Gerhard Czermak, Christen gegen Juden. Geschichte einer Verfolgung, Hamburg 1997

36 K.H. Minz, Judenfeindschaft, in: Hans Waldenfels (Hg.), Lexikon der Religionen, Freiburg 1987, zitiert nach G. Czermak s.o., S. 483

37 Rosemary Radford Ruether, Nächstenliebe und Brudermord, München 1978, S. 66 ff; siehe auch Ralph Giordano, Deutschlandreise, Köln 1998, S. 103

38 G. Lewy, ebd., S. 303

[39] Ebd., S. 303
[40] Papst Pius XI., Enzyklika vom 14. 3. 1937, in U. Wagner, Mit brennender Sorge. Einführung, Paderborn 1987, S. 53
[41] Ebd., S. 56
[42] Christopher R. Browning, Ganz normale Männer, Hamburg 1996; Daniel Jonah Goldhagen, Hitlers willige Vollstrecker, Berlin 1998
[43] Versteckte Vergangenheit. Katalog zur Ausstellung, NS-Dokumentationszentrum Köln, 1996, S. 175
Im gesamten Reichsgebiet wurden ca. 20.000 Juden verhaftet und in Konzentrationslager gebracht.
[44] Kardinal Faulhaber, Judentum, Christentum, Germanentum. Adventspredigten, München 1933
[45] G. Lewy, ebd., S. 302f
[46] E. Klee, ebd., S. 157f
[47] G. Lewy, ebd., S. 247
[48] Conrad Gröber, Kirche, Vaterland und Vaterlandsliebe, S. 103f. Vgl. auch M. Kringels-Kemen u. L. Lemhöfer, Katholische Kirche und NS-Staat, Frankfurt 1981, S. 89
[49] Thomas Breuer, Verordneter Wandel?, Mainz 1992, S. 297f
[50] Dem Führer gehorsam, Publik-Forum Materialmappe, Thomas Breuer (Hg.), S. 14
[51] Ebd., S. 15
[52] Ebd., S. 15.
Die 1934 neu eingeführte Eidesformel lautete: »Ich schwöre bei Gott diesen heiligen Eid, daß ich dem Führer des Deutschen Reiches und Volkes, Adolf Hitler, dem Obersten Befehlshaber der Wehrmacht, unbedingten Gehorsam leisten und als tapferer Soldat bereit sein will, jederzeit für diesen Eid mein Leben einzusetzen.«
[53] H. Kammer, E. Bartsch, ebd., S. 115
[54] G.Lewy, ebd., S. 251; laut W.K., Das Recht des deutschen Volkes auf Lebensraum, in: Bistumsblatt der Erzdiözese Breslau vom 18. 2. 1940, S. 44
[55] G. Lewy, ebd., S. 253
[56] Das Singeschiff. Lieder deutscher katholischer Jugend, 2. Teil, Textausgabe »Das graue Singeschiff«, Jugendführungsverlag, Düsseldorf 1934
[57] Hans Niermann, Der Weg des Soldaten Johannes, in: Christel Beilmann, Eine katholische Jugend in Gottes und dem Dritten Reich, Wuppertal 1989, S. 180
[58] Robert Mäder, Katholische Aktion, Basel 1929, mit Imprimatur des Bistums Fribourg, S. 23
[59] U. von Hehl, ebd., S. 202
[60] G. Lewy ebd., S. 252f
[61] Karlheinz Deschner, Mit Gott und den Faschisten, Stuttgart 1965, S. 154
[62] Maternus, katholisches Sonntagsblatt im Bereich des Erzbistums Köln, Nr. 15/1941, S. 63 im Archiv der Redaktion der Kirchenzeitung für das Erzbistum Köln
[63] Antonia Leugers, Die verpaßte Chance der Kirche, in der Zeitschrift der Dominikaner »Kontakt«, Nr. 25/1997
[64] Wilhelm Corsten, Kölner Aktenstücke zur Lage der Katholischen Kirche in Deutschland 1933–1945, Köln 1949, Dok. 220, S. 280
[65] H-A. Raem, ebd., S. 76
[66] Diese und weitere derartige Zitate in G. Lewy, ebd., S. 254f
[67] Dem Führer gehorsam, Publik-Forum-Materialmappe, Thomas Breuer (Hg.), Oberursel, S. 19

[68] Kardinal Bertram an das Ministerium für kirchliche Angelegenheiten, BA Koblenz, R43 II/178a; G. Lewy, ebd., S. 417
[69] Heinrich Missalla, Wie der Krieg zur Schule Gottes wurde, Oberursel 1997, S. 109
[70] Ebd., S. 71
[71] K. Deschner, ebd., S. 160f
[72] G. Denzler, ebd., S. 128
[73] G. Lewy, ebd., S. 256
[74] E. Klee, ebd., S. 158
[75] Lk 10,16
[76] Einheitsübersetzung, Stuttgart 1980
[77] Robert Grosche, Ich glaube, Paderborn 1936, S. 169
[78] Sozialer Katechismus, Vorwort O. von Nell-Breuning S.J., Saarbrücken 1934, S. 37f
[79] Ulrich von Hehl, Katholische Kirche und Nationalsozialismus im Erzbistum Köln, Mainz 1977, S. 96
[80] Alfons Beil, Aus meinem Leben, im Eigenverlag, Heidelberg 1989, S. 124
[81] Pax Christi (Hg.), Max Josef Metzger, in: Probleme des Friedens, Frankfurt 1/1987, S. 40
[82] Z.B. der Fall der Kriegsdienstverweigerung des österreichischen Bauern Franz Jägerstätter und die Eidverweigerung des Pallottinerpaters Franz Reinisch
[83] H. Moll, ebd.
[84] Ebd., S. 5 f
[85] Wort der deutschen Bischöfe in Pressemitteilungen der Deutschen Bischofskonferenz vom 24. 4. 1995, S. 5
[86] J. Kaiser, ebd., S. 160
[87] Jürgen Aretz, Katholische Arbeiterbewegung und Nationalsozialismus, Mainz 1978, S. 79
[88] Ebd., S. 81
[89] Jürgen Aretz, Nikolaus Groß, 2. ergänzte Auflage, Mainz 1995
[90] J. Aretz,Katholische Arbeiterbewegung und Nationalsozialismus, ebd., S. 155
[91] Ebd., S. 236
[92] Ebd., S. 102
[93] Ebd., S. 134
[94] Conze u. a. (Hg.) ebd., S. 162
[95] Begleitband zu einer Ausstellung, Der Kreisauer Kreis, Berlin 1985, S. 201
[96] Vgl. auch Heinz Hürten, Verfolgung, Widerstand, Zeugnis, Mainz 1987, S. 77
[97] Die Weiße Rose, Begleitheft zur Ausstellung, München, S. 22
[98] Ger van Roon, Widerstand im Dritten Reich, München 1984, S. 22
[99] H. Kammer, E. Bartsch, ebd., S. 89
[100] Kardinal Joseph Höffner, Fastenhirtenbrief 1987 anläßlich der Seligsprechung der Karmelitin Edith Stein, Presseamt des Erzbistums Köln, in: Zeitfragen, Nr. 39, S. 20. Vgl. auch Kirchenzeitung für das Erzbistum Köln vom 28. 8. 1998, S. 14
[101] Christian Feldmann, Liebe, die das Leben kostet, Freiburg 1987, S. 86
[102] Hohenheimer Protokolle, Band 28, Stuttgart 1989, S. 44
[103] H. Moll, ebd., S. 7f. Vgl. auch Wilhelm Schamoni, Das wahre Gesicht der Heiligen, 4. Auflage München 1967, mit der Hervorhebung der heroischen Tugendgröße der Märtyrer, dieser Menschen zweier Welten, die geduldig und unbeirrt für den katholischen Glauben bis ans Ende ausgeharrt haben.
[104] H. Moll, ebd., S. 8
[105] B. M. Kempner, ebd., S. 5 ff

[106] Passauer Bistumsblatt, Was sagen uns die Märtyrer von heute?, Ausgabe vom 9. 2. 1997, S. 1
[107] Ebd., S. 1
[108] Ebd., S. 5
[109] Bischöfliches Amtsblatt der Diözese Limburg Nr. 5/1945
[110] Günter Beaugrand, Heiner Budde, Nikolaus Groß, Zeuge und Bekenner im Widerstand der KAB 1933–1945, Augsburg 1989, S. 108
[111] »Der Dom«, Bistumsblatt der Erzdiözese Paderborn, Nr. 8/1999
[112] Pax Christi Österreich in: Dokumentation zum 50. Todestag von Franz Jägerstätter, 1993, S. 9 f
[113] Ein deutliches Beispiel hierfür ist der Fragebogen, der unserer Familie und anderen vom Bistum Essen zugesandt worden ist und der mit einer Reihe von suggestiven Fragen zu dem Ergebnis führen sollte, daß Nikolaus Groß »um des Glaubens willen« und nicht, weil er politischen Widerstand geleistet hatte, sterben mußte.
[114] Ludger Weckel, Um des Lebens willen. Zu einer Theologie des Martyriums aus befreiungspolitischer Sicht, Mainz 1998, S. 242
[115] Ebd., S. 222
[116] Ebd., S. 222
[117] Ebd.: L. Weckel verweist hier auf Martin Stöhr, Bonhoeffer antworten – nicht feiern, S. 194
[118] Ob dies der »Ökumenismus der Heiligen, der Martyrer« ist, an den der Papst (siehe Ziffer 108) in seiner Ansprache gedacht hat, müßte noch näher geprüft werden
[119] L. Weckel, ebd., S. 293f
[120] Ebd., S. 278
[121] Kenneth L. Woodward, Die Helfer Gottes. Wie die katholische Kirche ihre Heiligen macht, München 1990, S. 190
[122] L. Weckel, ebd., S. 242
[123] Alexander Groß, Wider die Schönfärberei, Publik-Forum 13/1995; hierzu auch KNA vom 27. 7. 1995
[124] Ein typisches Beispiel hierfür ist die langjährige enge Verbundenheit des Vatikans mit dem früheren chilenischen Militärdiktator Pinochet. Vgl. Kölner Stadtanzeiger vom 20. 2. 1999: »Der Vatikan setzt sich für Pinochet ein«, sowie Publik-Forum, Spricht der Papst mit zwei Zungen?, 5/1999, S. 56
[125] G. Lewy ebd., S. 350
[126] Wort der deutschen Bischöfe vom 30. 1. 1983, Sekretariat der deutschen Bischofskonferenz, Bonn
[127] Robert Grosche, Kölner Tagebuch 1944–1946, Köln, 1969, S. 129
[128] Dokumente deutscher Bischöfe, ebd., S. 125
[129] Ernst Klee, Persilscheine und falsche Pässe, 3. Auflage, Frankfurt 1992. Dieses Zitat sowie die vor- und nachstehenden S. 24 ff
[130] Dokumente deutscher Bischöfe, ebd., S. 48 ff
[131] Ebd., S. 135
[132] Ebd., S. 33 ff
[133] Dokumente der Gemeinsamen Synode der deutschen Bistümer, Würzburg, Unsere Hoffnung IV 2e
[134] Unaussprechliche Tragödie – Eine Reflexion über die Shoa, vatikanische Erklärung vom 12. 3. 1998, Sekretariat der deutschen Bischofskonferenz
[135] Eberhard Jüngel, Gemeinsamkeiten und Differenzen, Herderkorrespondenz 3/99, S. 156
[136] Daniel Jonah Goldhagen, Hitlers willige Vollstrecker, Berlin 1996, S. 509 ff

[137] Die Katholische Kirche und der Nationalsozialismus. Erklärung des Sekretariates der Deutschen Bischofskonferenz vom 31. 1. 1979, veröffentlicht vom Presseamt des Erzbistums Köln

[138] Alexander Groß, Viel Anpassung und wenig Widerstand, Publik-Forum vom 31. 5. 1996, S. 26 f

[139] Erich Fromm, Über den Ungehorsam, Stuttgart 1981

Abbildungen

Nr. 100. Zum 50. Geburtstag des Führers und Reichskanzlers.

Aus Anlaß des 50. Geburtstages des Führers und Reichskanzlers erlasse ich folgende Anordnung:

1. Am 19. d. M., am Vorabend des Geburtstages, wird von 18.00 bis 18.30 Uhr in allen Kirchen feierlich geläutet.

2. Am 20. d. M. zeigen alle Kirchen und kirchlichen Dienstgebäude sowie die Dienstwohnungen der Geistlichen die Reichs- und Nationalflagge.

3. Am gleichen Tage wird in allen Pfarr- und Rektoratskirchen zur Erflehung von Gottes Segen über Volk und Führer ein feierliches Votivamt zu Ehren des heiligen Michael, des Patrons unseres deutschen Volkes, zu geeigneter Stunde gehalten. Am Schlusse dieses Gottesdienstes ist das Allgemeine Gebet für Volk und Vaterland gemeinsam mit den Gläubigen zu verrichten.

Köln, den 3. April 1939.

Karl Joseph Kardinal Schulte,
Erzbischof von Köln.

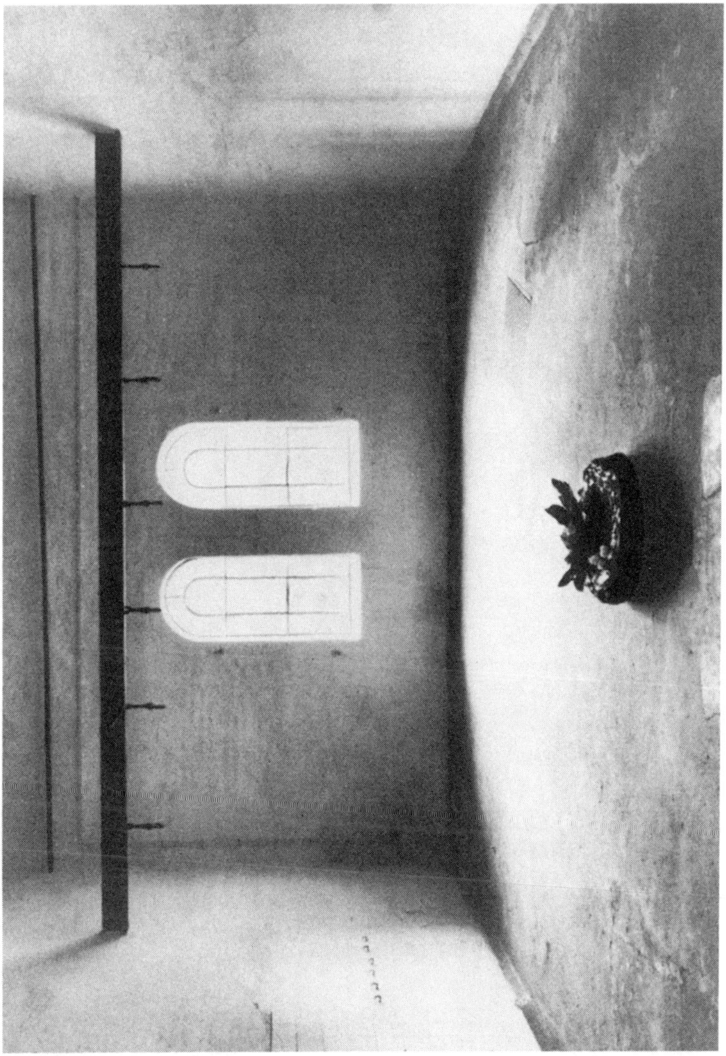

HALTET FEST AM WORTE DES LEBENS!